© THK Verlag
UG (haftungsbeschränkt)
Erfurter Straße 29, 99310 Arnstadt
www.THK-Verlag.de

Alle Rechte vorbehalten
Druck: Wir machen Druck
Printed in Germany
1. Auflage, Juni 2021

Umschlaggestaltung: Thomas Schneider
Die Bilder auf dem Titel zeigen das ehemalige „Bürgerhaus Lindeneck" und den Neubau der VR-Bank als Wohn- und Geschäftshaus

Satz und Layout: Thomas Schneider

ISBN: 978-3-945068-46-5
Preis: 14,90 EUR (D)

Jürgen Ludwig

Erinnerungen
und mehr

Inhalt

Vorwort ... 7
Café, Kasino, Küchenstudio ... 9
Zwischen Kaffeeausfahrt und Leistungssport ... 21
Verzögert, aber sie kamen in Fahrt ... 38
Bunt wie eine Sommerwiese ... 54
Ein Ring aus Bäumen ... 69
Verlorener Geruch von Leder ... 77
Lichtstrahl der Erinnerung ... 88
Namen – was sagen die schon? ... 106
Ständiger Wandel ... 121
Erklärungen ... 131
Quellen ... 135

Vorwort

„Eines Tages wird die Gegenwart in Erinnerung übergehen. Vielleicht folgt dann ein weiterer Rückblick in Arnstädter Alltagsgeschehen, interessant würde auch der." Mit diesen zwei Sätzen endet mein drittes Buch der kleinen Reihe „Weißde noch?"
Immer wieder haben mich Arnstädterinnen und Arnstädter gefragt „Und wann kommt das vierte Buch?" Meine Antworten waren ausweichend. Meine Gesprächspartner erwiderten: „Es gäbe doch noch so viel…".
Selbst aus der Ferne von „Einst-Arnstädtern, immer Arnstädtern" erreichten mich Wünsche und Vorschläge.
Dankbar war ich auch für kritische Hinweise. Ich schwelge zu sehr in Vergangenem, müsse die Gegenwart mehr berücksichtigen – oder zumindest die jüngere Vergangenheit, so wurde empfohlen.
Richtig: Gegenwart geht ohne unser Zutun in Vergangenes über.
…Und beim genaueren Hinsehen ist zu erkennen: Vergangenes wirkt bis heute, ja sogar in die Zukunft. Langsam zeichnete sich für mich ein Auftrag ab: Versuche dich doch mal als Brückenbauer zwischen den Zeiten. Bis zum Arbeitsthema „Erinnerungen und mehr" war es dann nicht mehr weit.
Nun brauchte ich mich nur wieder auf den Weg zu machen – hin zu Arnstädterinnen und Arnstädtern, die mehr wissen, als ich wissen kann. Das Arbeitsthema war zwar nun etwas anders, aber eines wollte ich beibehalten: Möglichst viele sollen an ihrem Arnstadt-Büchlein mitschreiben. Zu diesen gehörten beim vorliegenden Buch u.a. Wolfgang Altenburg, die Geschwister Fries, Jutta Heyder, Arnd Hornickel, Monika Konnopasch, Hans-Georg Mahler, Martin Ohrenschall (t), Rainer Schaar, Tina Trautvetter und Martin Wendl.
Nun ist auch dieses Werk vollbracht. Mir bleibt, viel Spaß beim

Lesen zu wünschen.

Bestimmt werden bei den Leserinnen und Lesern wieder ganz persönliche Erinnerungen wach, je nach eigenem Erleben.

Unterm Strich bleibt, der oder dem, denen, die jene in diesem Buch erwähnten Leistungen vollbracht haben, zu gratulieren – zu danken. Sie alle haben Grund, stolz zu sein auf Geschaffenes und sollten nicht gebeugten Hauptes durchs Land gehen.

Den später Geborenen gilt: Nur Mut! Vieles bleibt noch zu schaffen! Sprecht mit den früher Geborenen. Gespräche sind der Quell für gegenseitiges Verständnis.

Jürgen Ludwig

Die Postkarte aus dem Jahr 1906 des Arnstädter Verlags und Hofbuchbinders Paul Franke zeigt das Café Henniger (l.). Das Haus in der Bildmitte ist im Jahr 2008 abgebrannt, rechts der Wachholderbaum

Café, Kasino, Küchenstudio

Es gibt Häuser, die sich kaum merklich, nur in ihrem baulichen Zustand verändern. Von diesen wurden in unserem Städtchen im Zweiten Weltkrieg zum Glück nur wenige zerstört. Einzelne haben eine Umgestaltung bis zur Unkenntlichkeit erfahren. Andere sind abgebrannt und bei manchen rückten irgendwann Abrissbagger an. Teils haben ganze Straßenzüge Veränderungen erfahren. Der nach langer Zeit Zurückkehrende fragt sich: „Bin ich hier richtig? Stimmt vielleicht etwas mit meinen Erinnerungsvermögen nicht?"
Dann wieder gibt es Gebäude, bei denen die Gedanken nur so aus ihrem Hirnversteck purzeln, beispielsweise bei dem Haus

Längwitzer Straße 15. Die Beschaulichkeit von einst ist dahin. Vor dem Gebäude braust der per Ampel geregelte Verkehr, seitdem am 05. Oktober 1985 die Freigabe einer neuen Kreuzung erfolgte. Die teilweise Neutrassierung der Fernverkehrsstraße 4 im Stadtzentrum hatte zu diesem Zeitpunkt eine entscheidende Phase erreicht.

Bei diesem Haus, das mehrere bedeutsame Entwicklungen überstanden hat, befällt den Besucher gelegentlich das Empfinden, selbst die Mauern könnten sprechen. Auch Archive geben die eine oder andere Antwort.

Tatsächliche Zeitzeugen aber sind doch etwas ganz anderes. So schätze ich mich glücklich, zwei Damen gefunden zu haben, die sprichwörtlich ihre Wurzeln im Café Henniger haben. Rasch kam ich mit den Geschwistern Ursula und Karin in ein herzerfrischendes Gespräch.

Begonnen hatte alles mit Urgroßvater Eduard, der das Haus 1888 einem Fabrikanten abkaufte. Wenig später richtete der neue Eigentümer eine „Conditorei mit Schankwirtschaft" ein. Eine Beschränkung wurde auferlegt: Nur Flaschenbier darf verkauft werden. Der Konkurrenz zum nahen „Wacholderbaum" und weiteren Lokalitäten wegen, folgte der Zapfhahn für Fassbier erst Jahre später, ebenso das Angebot von Wein.

Torte und Bier wie passt das zusammen? Dafür sprach ein Konzept, das von den Arnstädterinnen und Arnstädtern gerne angenommen wurde. Am Nachmittag kamen die Damen, um bei Kaffee und Torte zu schwatzen. Am Abend waren vor allem die Männer zu Gast, tranken ihr Bier. Ganz treue Gäste hatten sogar einen Stammtisch, spielten Skat. Am Wochenende unternahmen komplette Familien einen Abstecher. Daran änderte sich auch nichts, als 1907 Sohn Richard Henniger das Geschäft übernahm. Zu den Spezialitäten gehörten gemäß der Ausstattung eines „Wiener Cafés" vor allem diverse Torten eigener Fabrikation. Der Renner, so ist überliefert, war die immer besonders gelungene Nusstorte. Hinzu kamen Frankfurter Kranz, Windbeutel,

Kaffee Henniger im Jahr 1942, Postkarte

diverse Kuchen, erlesene Eisbecher und die besonders dekorativ wirkenden Eisbomben. Letztere wurden mit viel Aufwand sogar außer Haus geliefert. Heute unvorstellbar – beim Transport per Handwagen gut verpackt, sorgte Stangeneis* für die erforderliche Kühlung.

Nicht selten unfreiwillig, gab es immer wieder diversen Spaß. Ähnlich wie heute, geschah dies meist auf Kosten Einzelner. Vor allem die Herren des Stammtischs konnten sich ein Lachen oft nicht verkneifen.

Einmal wollte ein Skat-Bruder seiner Frau einen Windbeutel mitnehmen. Durchaus löblich! Pech nur, er steckte ihn in die Manteltasche und beim Hinausgehen klatschte jemand aus Versehen dagegen. Im nu war die Gedachte Überraschung platt und die Sahne spritzte aus der Tasche.

Ein andermal wollte der Stahlbauer E. Fiedler beim abendlichen Heimweg seinen für alle Fälle abgelegten speziellen großen Regenschirm benutzen. Wieder Pech, kurz zuvor hatte sich den jemand ausgeborgt. Alle Suche blieb erfolglos. Der Besitzer glaubte schließlich: Da muss er wohl zu Hause sein. Missmutig setzte

der Betroffene seinen Hut auf und ging.
Beim Betreten des Cafés am nächsten Abend fiel der Blick sofort auf den an der dafür vorgesehenen Stelle abgestellten Schirm. Verwunderung machte sich breit, die nach geraumer Zeit in eine Frage mündete. Von einem feinen Lächeln der Serviererin begleitet, war ein: „Aber Herr Fiedler, der stand doch gestern Abend schon da..." zu hören. Kopfschütteln.
Die Etikette des Kaffees drückte sich neben der Raumgestaltung in erlesenem Kaffeegeschirr aus. Dazu erinnert sich ein ehemaliger Gast: „An unserem Nachbartisch saß eine Familie mit Hund. Dieser bekam, vom Herrchen gereicht, seinen Happen auf einem Teller. Als alles fein abgeleckt war, kam der Chef des Hauses, zertrat das Porzellan und sprach beim Aufsammeln: 'Ein Teller von dem ein Tier gefressen hat, kann ich keinem Gast mehr anbieten".
Nur noch wenige Arnstädter, so z. B. Herr E. Wickler, stehen mir beim Verfassen dieser Zeilen mit ihren Erinnerungen zur Verfügung. „Das Café Henniger war ganz nobel, gehörte zu den

v.l.n.r. Richard, Eduard (Firmengründer) und Hans Henniger –
Privatarchiv Fries

Spitzenkaffees Arnstadts. Aus meiner Kindheitserinnerung weiß ich: Da stimmte alles. Und noch etwas habe ich in Erinnerung. Nachdem kriegsbedingt die Lebensmittelmarken eingeführt worden waren, musste jeder Gast, beim Bestellen von Torte eine entsprechende Zahl Marken abgeben."

„Ja, und die half meine Mutter abends nach getaner Arbeit als Nachweis auf Papierbogen zu kleben" fällt Ursula ein und ergänzt: „eine Grundvoraussetzung für den Erwerb neuer Backzutaten".

Nichts war das gegen das, das noch kam. Mit Kriegsende wurde das gesamte Haus immer aufs Neue ein begehrtes Objekt der Besatzungsmächte. Ab April waren Amerikaner die Hausherren, dann die Russen. Auch zu dieser Zeit steigen Erinnerungen auf, insbesondere bei den Amerikanern nicht die besten.

Erwähnt sei die harmloseste.

Ursula, 1942 eingeschult und inzwischen mit ihrer Mutter in der Schwarzburger Straße wohnend: „Unsere Angehörigen, die im Café in der ersten Etage wohnten, mussten das Haus alle ver-

Blick in das Café um 1934 – Foto W. Schenker

lassen. Hab und Gut blieben zurück. Als meine Mutter und ich auf der Straße an meinem Geburtshaus wie Fremde vorbeigingen, schaute oben ein dunkelhäutiger Soldat heraus, machte sich einen Spaß mit meiner Zuckertüte auf dem Kopf".

Nachdem die Russen das Haus beschlagnahmt hatten, durfte Mutter Charlotte Henniger zeitweise als „zur Arbeit verpflichteter Gast" das Haus betreten. Sie, die über den Krieg zusammen mit Opa Richard das Café am Laufen hielt, hatte in Backstube und Küche zu helfen.

Ursula erinnert sich: „Eines Tages fragte der Oberste, wir sagten immer Kapitan: ‚Frau, du Baby?'.

Sie erwiderte. 'Ja, vier.'

Der Offizier auf die Mutter zeigend: Morgen mit Gefäß, Krug."

Im kleinen Hof hatten die Russen zwischen Café und Backstube einen großen dreibeinigen Holzbock aufgestellt, an dem sie in einem über dem Feuer hängenden Kessel ihre Krautsuppe kochten. Von nun an bekamen wir Tag für Tag eine ‚Milchbraut'* voll Suppe."

Ja, in einer Zeit, als der Bevölkerung ohnehin kaum der Sinn nach einem Kaffeebesuch gestanden hat, gingen in dem einst beliebten Café Angehörige der Besatzungsmacht ein und aus. Am 20.06.46 wurde die Konditorei Henniger gar zum Kasino einer speziellen Einheit der sowjetischen Armee. Darüber hinaus gefielen manche Möbelstücke des Hauses so gut, dass sie Anfang September 1946 in Diensträume verbracht wurden, die sich in einer Villa am Wollmarkt befanden.

Nachkriegswirren, Verdächtigungen und die noch nicht erfolgte Entnazifizierung führten dazu, dass das Café bis 1949 geschlossen blieb.

Die Wiedereröffnung erfolgte nicht durch einen Henniger-Spross, sondern durch den aus Teplitz-Schönau vertriebenen Josef Beer.

Mit Schwung einer Hochzeit entgegen

Ab 1951 führten Hennigers wieder die Regie. Sohn Hans, 1938 nur Wochen nach der Hochzeit zur Wehrmacht eingezogen, schließlich in französischer Kriegsgefangenschaft gestrandet, hatte zu Hause wieder Fuß gefasst.
Ganz in Arnschter Mundart sprachen nun Arnstädter wieder öfter: „Wir gehen zu „Henscher". Manche sprachen auch „Henjer". Auf jeden Fall war klar, wo man sich treffen wollte. Bald war durch Leistung der alte Ruf wieder gefestigt. Einen Höhepunkt der Beliebtheit erlebte das Café, inzwischen im Sortiment breiter ausgerichtet, nachdem im gegenüberliegenden Finanzamt nach umfangreichen Umbauten ein Krankenhaus (1953) eingezogen war. Neue Generationen sammelten Eindrücke.
Ein Rückblick besagt: „Um bei einem Krankenbesuch eine Freude zu bereiten, ging ich oft schnell mal zu ‚Henscher', um einen Eisbecher zu holen. Rasch die Stufen hoch und gleich hinter der Ladentür war der Eistresen. Später, nach dem Krankenbesuch,

Gelegentlich luden die Hennigers auch zu Feiern ‚in eigener Sache', hier 1957 bei einer Goldenen Hochzeit

Das Kaffee Henniger war nicht nur wegen der edlen Konditoreispezialitäten, sondern auch wegen seines wertvollen Kaffee-Geschirrs ein Begriff, hier ein Kaffeekännchen aus Silber

brachte man das Geschirr zurück. Nun belohnten wir uns mit einem Eintritt in das Café. Wir gingen durch die mit Bleiglas verzierte Pendeltür hin zu den Stühlen, von denen gesagt wurde, die gebe es auch im unerreichbaren Wien".

Die Nachfolger waren sich einig, in Arnstadt sollte die Tradition auf jeden Fall weitergehen. Zugegeben, wie in einschlägigen Familien oft üblich, manche Entscheidung fiel im Familienrat auch mit etwas Nachdruck. So kam es, dass Gunter Henniger von 1955 bis 1957 in Erfurt bei Obermeister Fechner in die Konditor-Lehre gegangen ist. Diesem hielt er in der Konditorei am Gothaer Platz der Bezirkshauptstadt die Treue. Von 1960 bis 1970 half er im Arnstädter Familienbetrieb die Qualität und den guten Ruf hochzuhalten. Doch Veränderungen bahnten sich an. Im Lauf der Jahre entwickelte sich ein unerfreulicher Teufelskreis: Personalmangel, sich mit unterschiedlichen Ursachen einschleichende Abstriche am gewohnten Niveau, weniger werdende Gäste…

Im Jahr 1974 ist eine schwere Entscheidung gefallen: „Verkauf" an die Konsumgenossenschaft. Der Wechsel von Haus und allem Inventar erfolgte zu einem so niedrigen Preis, dass heute Mund und Augen offen stehen bleiben würden. Im Jahrzehnte später geführten Gespräch gewinne ich den Eindruck, dass die Zeitzeugen noch immer mit größter Wehmut insbesondere an den Verlust des stilechten Café-Haus-Geschirrs, einschließlich der schmucken silbernen Kännchen, Löffel, Eisbecher denken... Vieles davon soll später im Schloss Reinhardsbrunn gelandet sein. Nach dem Auflösen des dortigen Hotels des Reisebüros der DDR verliere sich die Spur.

Das Konsum-Café, längst entzaubert, hat seine Tür 1992 für immer geschlossen.

Charlotte Henniger serviert eine Eisbombe – Privatarchiv Fries

Für kurze Zeit sind Anfang der 1990er Jahre schleierbehaftet neue Café-Träume durch die Köpfe der Henniger-Erben gezogen. Man sprach von Wiedererwerb. Schließlich sind die Ideen zerstoben.

Ob es heute, in der scheinbar rastlosen „Kaffee-für-unterwegs-Kultur" noch die Chance für die Existenz eines wirklich stilvollen Cafés gibt? Angesichts des jüngsten Gaststätten-Sterbens sind Zweifel erlaubt. Hoffnung aber bleibt. Es muss ja nicht da sein, wo einst die Hennigers Gäste empfangen haben.

Dort bemüht sich seit Jahren ein Küchenstudio, Arnstädter Kunden ein Angebot und einen Service zu bieten, das der Konkurrenz auf der einst grünen Wiese die Stirn bieten kann.

Ein Spaziergang wurde es für den neuen Gebäudeeigentümer nicht. Alles war leer und in einem heruntergewirtschafteten Zustand – Heizung zerfroren, Fenster und Dach undicht, Nebengebäude unbrauchbar... Das Eckhaus, mit dem Charme der Vergangenheit behaftet, forderte die Denkmalschutzbehörden dazu heraus, ein gewichtiges Wörtchen mitzureden. So wurden statt Plaste-verkleideter Fenster erneut solche aus Holz eingesetzt. Das Dach bekam „seine" neuen Dachziegel. Wie die Vorgänger sind sie wieder aus Ton. In dem Nebengebäude, da wo einst auch die Torten gezaubert worden sind, entstanden neue Wohnungen. Gleiches gilt für die erste Etage. In einem Teil dieser Räume verrichteten einige Zeit Zahntechniker ihre gefragte Arbeit. In Parterre aber war endgültig die Zeit des Kaffeegeschirrs zu Ende. Dem leiblichen Wohl fühlte sich der neue Eigentümer trotzdem irgendwie verpflichtet. – Als die Türen nach langem Umbau sich wieder öffnen, blickten die Interessierten in ein Küchenstudio. Schließlich bekam das gut eingeführte Geschäft einen neuen Mieter. Von nun an prangt an der Fassade der Schriftzug „Küchenhaus Arnstadt". Freundliches Personal steht gerne mit Rat und Tat zur Verfügung und gelegentlich ist dort so richtig was los: Es gibt Abende mit abwechselnden Angeboten zum Thema Kochen.

1992 wurden die Weichen für eine neue Nutzung gestellt

An den Arnstädtern liegt es mit, wie die Geschichte des Hauses Längwitzer Straße 15 einst weitergeschrieben werden kann. Kundschaft hat eine hohe Bedeutung.

> Polizeibericht.
>
> Getreulich jeden Donnerstag,
> den uns der Herrgott schenken mag,
> bewegen sich bemooste Knaben
> zu Hennigers, um sich zu laben
> an Kaffee, Kuchen und auch Bier,
> so man vorzüglich beut allhier;
> kredenzt mit edlem Zartgefühl
> so, wie es jeder haben will,
> um sich gehörig auszugären
> ob allem, was sie mag beschweren,
> und recht gemütlich zu belachen,
> was oft geschieht an dummen Sachen,
> und hochbefriedigt heimzugehn:
> Fürwahr, bei Hennigers ist's schön!
>
> Beglaubigt vom „Stammtisch der bemoosten Knaben"
> November 1968.

Eintrag in das Gästebuch

Kreuzung Lindenallee / Längwitzer Straße in der Umbauphase,

Blick auf eine Musterküche des Küchenhaus Arnstadt, Inhaber Jan Hüter

Zwischen Kaffeeausfahrt und Leistungssport

Einer, in der Regel der Vater, steuert den „Trabant", „Wartburg", „Skoda", „Moskwitsch" oder Oldtimer... . Der Beifahrer, meist die Ehefrau, hat vor sich auf dem Schoß die Fahrtunterlagen. Neben einer Landkarte oder dem Autoatlas gehört dazu ein Bogen Papier mit wenigen wichtigen Daten. Es sind mystische Ortsangaben in überlegt ausgewählter Reihenfolge. Beispielsweise geben nur ein gezeichneter Hammer und ein mehr oder weniger deutlich dargestelltes Feld das erste Ziel an. Alle Fahrzeuginsas-

Die erste Aufgabe bei Geschicklichkeitswettbewerben und Kaffeeausfahrten lautete: In kürzester Zeit Distanz zum Fahrzeug überwinden und starten, hier auf dem Arnstädter Wollmarktplatz

sen werden in das Rätselraten einbezogen. Orte werden genannt, gleich wieder verworfen. Schließlich drängelt der Fahrer, greift unruhig zum Lenkrad: „Macht, die Zeit läuft."

„Ah, ich hab's" meint eines der Kinder, schiebt mit gewichtigem Unterton „Ist doch leicht" hinterher. Bald fallen andere Stimmen ein: „Hammersfeld". Wer so das erste Ziel erkennt, ein Dorf in der Nähe Stadtilms, ist schon gut dran. Gang rein und los. Nun gilt es bis Hammersfeld in etwa die Fahrtzeit einzuhalten. Bei Zweifeln während der Fahrt ist die Landkarte im Auge zu behalten. Neben dem Blick in die Landschaft gilt es, am Abzweig im nächsten Ort überlegt zu entscheiden.

Letztlich wird Aufgabe um Aufgabe gemeistert, Kontrollstellen werden passiert (damit keiner mogelt) und neue Informationen entgegengenommen. Am Ziel der Bildersuchfahrt, meist ein beliebtes Ausflugsziel im Thüringer Wald, krönt fröhliches Beisammensein den gemeinsamen Erfolg. Nach Speis und Trank mischen sich Gesprächsgruppen. Die Themen sind so mannigfaltig wie die Teilnehmer. Bei den Männern, sind vor allem Autos das Thema.

So in etwa sind in den 1960er Jahren, beispielsweise am 21. August 1966 mit Start 9.00 Uhr auf dem Marktplatz, Kaffeeausfahrten mit Familienatmosphäre abgelaufen. Die Frage der Veranstaltung: „Kennst du deine Heimat?" Ähnliches wurde in vielen Orten der DDR organisiert.

Herausforderungen ganz anderer Art gab es auf Turnierplätzen, meist etwas am Rand der Stadt oder auf zentralen Plätzen. Die Leser sind herzlich eingeladen gemeinsam einen Blick auf den Wollmarktsplatz zu werfen. „Das Volk" informierte: Am 02. Juli 1967, 14 Uhr, Großveranstaltung des ADMV auf dem Wollmarkt. Angeboten werden Geschicklichkeitsfahren, Oldtimerschau, Hochradfahren.

Mit Startnummern sind die PKWs abgestellt. An einem Klapptisch umringen Frauen und Männer Starterlisten, akribisch erfolgen Eintragungen. Etwas abseits diskutieren Grüppchen. Plötzlich Eile, der Fahrer eines PKW drückt die Taste der Stoppuhr, hastet zu seinem Fahrzeug, startet und durchfährt einen mit zahlreichen Geschicklichkeitsanforderungen gespickten gut markierten Wettkampfbereich. Nach Zeiten, die von Geschick, Fahrzeugbeherrschung und auch etwas Glück zeugen, zurück zur Ausgangsposition, Auto abstellen, zur Stoppuhr sprinten. Es folgen weitere Fahrer und Fahrerinnen. Wer die kürzeste Zeit absolviert und zudem im Geschicklichkeitskurs die wenigsten Fehler kassiert, ist Sieger. Bei Punktgleichstand entscheiden technisches Wissen und wieder Schnelligkeit.

Geschicklichkeitswettbewerb in der Bertolt-Brecht-Straße: Fahrer eines „Wartburg 313" beim rückwärts einparken

Ein Hauch Schleizer Dreieck in Arnstadt

Beinahe Rennatmosphäre herrscht beim nächsten Termin, und das auf ganz normalen Straßen. Über Wochen haben die Vorbereitungen gedauert: Absprachen mit der Stadtverwaltung und der Verkehrspolizei, Helfer suchen und finden, Strohballen von der LPG*, Altreifen bereitlegen, Um mögliche Gefahrenstellen zu „polstern". Sie erbitten Unterstützer um Preise für die Sieger und letztlich ist bei den Bewohnern der Straßen Verständnis für Belästigungen und Sicherheitsabsperrungen zu wecken. Zugangsbereiche brauchen Einlasskontrollen, Ordner und Sicherheitsposten werden platziert. Schließlich ist der „Rennring" geschlossen. Über dem Start in der Bielfeldstraße liegt Spannung: Neben- und hintereinander angeordnet, stehen K-Wagen. Startflagge hoch: Die wilde Hatz beginnt. Unmittelbar hinter dem Start ist die erste Kurve zu meistern, wird in die Gothaer Straße eingebogen. Zahlreiche Schikanen aus Reifen sind zu umsteuern. Über den Friedrich-Ebert-Platz geht es zurück zum Start- und Zielpunkt. Nach mehreren Runden erfolgt auf den Stufen eines in Eigenregie gefertigten Podestes die Siegerehrung – ganz wie bei einem großen Rennen. Über den Straßen liegt ein in den Nasen deutlich wahrnehmbarer Hauch von Benzin und Öl.

Selbst Bezirksmeisterschaften wurden auf diesem Kurs ausgetragen. Mit Interesse verfolgten Schaulustige an dicht gesäumten Straßen das Geschehen. Zudem waren diverse „Fensterlogen" gut besetzt. Bei solch großen Veranstaltungen war der Motorsportclub (MC) für jede helfende Hand dankbar. So kam es, dass Familienangehörige mit anpackten, Freunde Unterstützung gaben und selbst Schülerinnen oberer Klassen der Käthe-Kollwitz-Schule als Kassiererinnen an den Zugängen zur Rennstrecke aktiv wurden.

Am 27. Juni 1965 startete bereits das III. K-Wagen-Rennen des ADMV Arnstadt (60 Teilnehmer, darunter zahlreiche Arnstädter). Der letzte Lauf fand 1981 statt.

Das sind drei Erinnerungen an Aktivitäten des MC Arnstadt. Hatte der ADMV etwas mit Politik zu tun? Ja und nein – so die salomonische Antwort. Der „Wettstreit der Systeme", wie es oft hieß, wirkte auch in diesem Fall. In der BRD gab es den ADAC: Allgemeiner Deutscher Automobil Club.

Den Staatslenkern blieb nicht verborgen, dass sich auch in der DDR recht schnell wieder Freude am Automobil entwickelt hat. Grenzübergreifend war dieses schon damals des Deutschen liebstes Kind, wie der Volksmund sagt. Entsprechende Begehrlichkeiten folgten. Wildwuchs sollte es nicht geben, stattdessen Ordnung. An dem Begriff Deutschland hat sich damals in der DDR kaum jemand gestoßen, ganz im Gegenteil. So wurde 1957 der Allgemeine Deutsche Motorsport Verband (ADMV) „beschlossene Sache". In Arnstadt hieß es eines Tages: Man könnte doch einen Motorsportclub gründen. Motorsportler hatten ja bereits ihren Wohnsitz hier – zu ihnen gehörte der Motorrad-Rennfahrer Hans-Dieter Mohr. Auf dem „Schleizer Dreieck", auf dem „Sachsenring" und anderen Pisten war dieser längst kein Unbekannter mehr. Am 01. Februar 1961 erfolgte im Klubhaus des VEB Chemieanlagenbau Erfurt-Rudisleben (Lindenallee) die Gründung des Motorsportclubs Arnstadt. Clublokal wurde das Bahnhofshotel.

Gibt es zum MC Arnstadt des ADMV noch heute Belegbares? Wie bei so manchen Begebenheiten aus der DDR-Zeit, im Stadt- und Kreisarchiv sind dazu kaum Angaben zu finden. Nicht etwa, weil etwas zu verschweigen wäre. Als nach 1990 so vieles zu Ende ging, fand sich einfach niemand, der Akten und Aufzeichnungen, Dokumente und Bilder zu Aufbewahrung gegeben hätte. Zeitzeugen verabschiedeten sich, ohne Notizen zu hinterlassen, vieles verschwand, landete gar im Müll. Aufgefundene Zeitungsnotizen lassen auf ein reges sportliches Geschehen schließen. Dafür zwei weitere Beispiele: 18. Juni 1966, MC Arnstadt im ADMV veranstaltet auf dem Eichfeld ein Geländeturnier für Serienmotorräder;
07. Oktober 1966, 1. Arnstädter Motocross auf der Marienhöhe mit dem Erfurter Paul Friedrichs als „Zugpferd" (Veranst. SG Dynamo* Ichtershausen, Wertungsläufe ab 13 Uhr). Erschienen waren rund 4.000 Zuschauer.
Und welche Belege lassen sich noch finden? Informanten können nur noch ganz wenige „alten Hasen" sein. Für den, der sich

zu Recherchen aufmacht, beginnt ein zeitaufwendiges Suchen. Ist einer von damals gefunden, hört der um Auskunft Bemühte oft nur „Ich weiß nicht? …das ist doch schon so lange her…". Hartnäckigkeit und Glück führen letztlich doch zum Erfolg. Quellen gleich, sprudeln Erinnerungen. Gelegentlich tauchen sogar Fotos, Urkunden, Plaketten, Preise und Pokale auf, nicht selten von der Patina der Geschichte überzogen, manche schadhaft. Interessante Gespräche entschädigen für die Mühen und in den Augen der älter gewordenen Gesichter glimmt Begeisterung junger Jahre auf, Stunden vergehen wie im Flug. Eines haben alle gemeinsam, egal ob sie einst auf Siegerpodesten gestanden oder eher im Hintergrund organisiert haben und ihre helfenden Hände zum Einsatz brachten – sie treten gedanklich eine Reise in die Jugend an. Gelegentliches Stauen: An was sich der Kopf alles erinnert.

Ich begegnete Steve Mc Queen

Einer, der gemessen an den Großen der Motorsportgeschichte, eher bescheidene aber trotzdem beachtenswerte Erfolge für den MC Arnstadt eingefahren hat, ist Arnd Hornickel. Seine Begeisterung für den Motorradsport keimte bereits in der Oberschule. Gleichzeitig, das war in der damaligen Dr.-Theodor-Neubauer-Schule am Schlossplatz wohl ansteckend, fieberte er für Musik und wurde Mitglied einer Band. Letztlich aber gewann der Motorsport, zunächst mit dem Motorrad.
Mit Beginn der Lehre zum Kraftfahrzeugschlosser in der Ichtershäuser Kraftfahrzeugwerkstatt Alfons Heusinger gab es kein Halten mehr. Noch immer beeindruckt, berichtet mir Hornickel: „Wir reparierten vor allem Motorräder der Marken Jawa* und Simson*, einschließlich der AWO-Sport*. Eines Tages begegnete ich, gemessen am Leben nur für den Moment eines Wim-

pernschlags, Steve Mc Queen mit seiner Maschine vom Typ ‚Triumph'. Der Schauspieler aus den USA, bislang nur von der Kinoleinwand bekannt, stand nun plötzlich als Teilnehmer der internationalen Motorsportveranstaltung Six Days vor mir."
In den Jahren 1966 bis 1969 eignete sich Arnd Hornickel viel Wissen als „Ingenieur für Kfz-Konstruktion" an. Mehr noch, er gehörte zum Service-Team des Erfurter Jürgen Hellmann (Deutschen Meister im Rallye-Sport).
In Gedanken am Rande des einstigen Renngeschehens weilend, vernehme ich bei unserem Wiedersehen wie aus der Ferne: „Damals habe ich selbst Lust bekommen, aktiv Rallyesport zu betreiben. Zunächst startete ich im Wechsel mit Wolf Dietrich Joerns auf „Trabant".
Das Rennfieber packte ihn immer mehr. Entsprechend dicht lag ab Anfang bis Mitte der 1970er die Startfolge. In der Saison gab es nur selten ein Wochenende ohne Vorbereitungen, Training oder Starts: Roland-Rallye in Nordhausen, Eichsfeld-Rallye (mit Unterstützung der Baumwollspinnerei Leinefelde), die Wismut-Rallye und viele mehr.
Anfang der 1970er Jahre erfolgte der Umstieg auf „Saporoshez" mit CO-Pilot Gerd Eger. Vermehrt tauchte der Name Hornickel nun auch bei international besetzten Veranstaltungen auf der Starterliste auf. Die „Pneumant Rallye Fürstenwalde" und zwei Mal bei der „Rallye Wartburg" seien stellvertretend genannt. Der „Saporoshez", ein Import aus der Sowjetunion, hatte 45 PS, 1.000 ccm. Um maximale Leistung zu erreichen wurde frisiert, u.a. mit einem Zylinder vom VW-Käfer. Ja, damals wie heute, bei aller Fachsimpelei am Rande des Geschehens – über Motorsportveranstaltungen liegt immer auch ein kleines Geheimnis, schließlich gilt es ja im Interesse des Sieges einen Hauch schneller als der Konkurrent zu sein. Neben hohem fahrerischen Können verlangt dies, technische Möglichkeiten auszuschöpfen.
Etwas verhaltener im Ton erfahre ich von meinem Gegenüber: „…in Umpferstädt gab es schon zu DDR-Zeiten eine VW-Werk-

statt. Wir kamen mit dem VW-Motor auf 1.200 ccm und 70-75 PS. Weiter besorgte ich mir breitere Reifen. Diese erforderten extra Felgen." Auf einen einstigen Großbetrieb verweisend meint Hornickel schmunzelnd: „Diese waren ‚Made in Chema'. Dann durfte ich, die technische Abnahme vor Rallyes war recht streng, mit den Rädern nicht starten. Bei der Autoreparaturwerkstatt Volker Nilius habe ich vier andere geholt.

Auch die ersten Vier-Punkt-Gurte haben wir uns selber genäht." Anfang der 1980er Jahre folgte der Abschied vom Rallye-Sport. Die neue Leidenschaft lautete Autocross. Wieder fällt der Name Volker Nilius. In dessen Werkstatt vor dem Riedtor wurde ein eigener Wagen gebastelt. Beim ersten Start in Mühlhausen gab es dafür drei Fahrer: Volker Nilius, Ulli Zöllner und eben Arnd Hornickel. Das erste Fahrzeug beruhte auf der Basis des „Saporoshez". Später folgte eine Rohr-Rahmen-Konstruktion mit Wartburgmotor. Dann trieb uns „LADA"-Energie in der Klasse bis 1300 an. Viel drum herum war erneut Marke Eigenbau.

Tiefen, abenteuerliche Eigenentwicklungen, gelegentliche Blessuren und stolz machende sportliche Erfolge wechselten in dichter Folge. Dank guter Platzierungen schaffte es Hornickel bis in die Nationalmannschaft der DDR. Mit ihr startete er u.a. in Bulgarien, Ungarn und der CSSR. Der letzte bedeutsame Start erfolgte im Oktober 1989 mit der Nationalmannschaft beim Autocross in der CSSR. Danach wurden, wie bei vielem Anderen auch, alle Karten neu gemischt. Der aktive Motorsport war passee. Nach der Ursache zu fragen ist müßig – es gab nicht nur eine.

Den Werkstattgeruch aber brauchte der Motorsportbegeisterte weiter. Rasch sprach sich herum: Am Ende der Siedlung Richtung Umspannwerk entsteht ein Autohaus für „Mitsubishi" mit angeschlossenem Servicebereich. Als nach Jahren die Weitergabe des Staffelstabs anstand, hörte Hornickel längst nicht auf, aktiv zu sein. Die Hände die einst Rallye-Wagen steuerten und an Fahrzeugen werkelten fanden ein neues Material – Holz. Seitdem drechselt Arnd Hornickel ideenreich kleine Präsente und geht auf

Märkte. Die wilden Jahre aber haben ihren Haken bekommen.

Mit dem ganz eigenen Werkstattgeruch von Benzin, Öl, Motoren, gelegentlich auch Schweiß ist auch Hans-Georg Mahler erfahren geworden und fühlt sich noch über die Rente hinaus in seiner Firma – Suzuki-Autohaus Mahler – wohl, obgleich längst der Sohn die Geschäfte führt.
Ein Besuch dort hat gelohnt. Vergessene Namen drängen hervor, Erinnerungen an Erlebnisse mit Sportfreunden werden wach, an die für viele Arnstädter legendären K-Wagen-Rennen, aber auch die Hilfe für große motorsportliche Ereignisse in Thüringen. „Bei der internationalen „Rallye Wartburg" haben wir zwischen Jonastal und Oberhof Kontroll- und Wertungsstellen besetzt, auch mal die technische Abnahme für Oldtimer auf Bezirksebene geschultert…" erinnert sich mein Gesprächspartner.
Und wie sah es mit eigenen sportlichen Aktivitäten aus? Mein gegenüber schmunzelt.
„Und ob. Das Interesse fing klein an, wurde aber kräftig durch motorsportlich Aktive genährt, die in der Werkstatt in der ich lernte, Blessuren an ihrem Fahrzeug beheben ließen. Einer war Rainer Brandt, der Berg- und Rundstreckenrennen gefahren ist. So bin auch ich kurze Zeit mit einem Serienwartburg sogar Bergrennen gefahren, beispielsweise hoch nach Oberhof. Auch beim Inselsbergrennen bin ich gestartet.
Trotz Werkstattzugang konnte ich mir das auf Dauer nicht leisten. Übrigens, für diesen Automobilsport war der MC Gotha Leistungszentrum." erfahre ich.

…und Ersatzteile waren knapp

Namen derer sind gefallen, die von Anfang an dabei gewesen sind: Hans Mohr, Wolfgang Hümling, Brunhilde und Dieter Hermann (Robour-Werkstatt im Schloss), Alfred Brey (Skoda-Werkstatt, damals auf dem Kohlenmarkt), Erich Kahl (VEB Backwaren), Joachim Pahl (VEB NARVA-Glimmstarterwerk), Anneliese und Wolfgang Linsner, Klaus Ruhe (Fotografenmeister), Kurt Broseit (Verkehrspolizei) und viele mehr. Es waren zwischen 100 und 120 Mitglieder. Besonders stark waren Handwerker und motorsportbegeisterte Jugendliche vertreten. Alle einte ein Verein und doch grenzten sich, teils auch mit wechselnden Schwerpunkten mehrere Hauptinteressengebiete klar ab: Ausfahrten; organisatorische Strukturen, Geschicklichkeits- und Fahrsicherheitstraining, Motorradsport in vielen Spielarten, Automobilsport. Alle gemeinsam organisierten unterschiedlichste Veranstaltungen oder halfen wenn ein anderer MC im Bezirk Erfurt Unterstützung benötigte.

Rainer Schaar hat seine motorsportliche Entwicklung mit einem Moped begonnen, hier bei einem Geschicklichkeitsturnier „Auf der Setze" (Archiv Schaar)

Beim K-Wagen-Sport kristallisierte sich neben Eisenach u.a. auch Arnstadt zu einem Schwerpunkt im Bezirk Erfurt, und das obwohl für die jugendlichen Akteure Geld und Ersatzteile nicht auf der Straße lagen. War der Kampf um gute Zieleinläufe noch so groß, immer galt es auch, sorgsam mit dem fahrbaren Untersatz umzugehen. Wie kamen Habenichtse unter solchen Umständen auf diese Idee?
Martin Ohrenschall, einer der „alten Hasen" antwortete frei heraus: „Etwa 1963 begann alles mit Moped-Geschicklichkeitsfahren. Ich war damals voller Tatendrang. Auslöser für das gerade um sich greifende K-Wagen-Fieber, das immer mehr ansteckte, war ein Beitrag in der westdeutschen Jugendzeitschrift „Bravo". Sie war offiziell nicht erwünscht, aber doch immer mal zu lesen und interessant. Wir, Peter Henkel, Rainer Schaar (damals bei Klempner Köber in der Klausstraße) und ich machten uns ans

Martin Ohrenschall (Start-Nr.14) bei einem K-Wagen-Rennen, hier in der Gothaer Straße

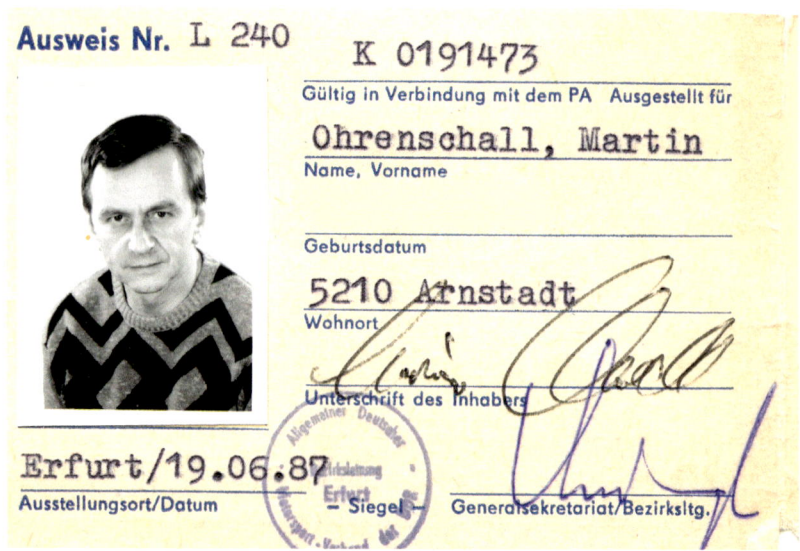

ADMV-Mitgliedsausweis (Archiv Ohrenschall)

Werkeln. Zu dritt fuhren wir auf einem Wagen. Zunächst verwendeten wir einen 50 ccm-Motor von Simson, dann folgte der 125 ccm-Motor aus dem Motorroller ‚Wiesel', schließlich ein 150 ccm-Motor von MZ*. 1966 habe ich mein ganzes Geld für einen neuen Motor eingesetzt, der kostete 550 Mark. Übrigens, die ersten Räder waren im Ursprung für Sackkarren gedacht und für etwa 8 km/h ausgelegt. Kurzzeitig erreichten wir aber weitaus höhere Geschwindigkeiten, mussten bremsen und beschleunigen und knappe Kurven fahren. Das ist nicht spurlos an den Reifen vorüber gegangen. Die Betuchteren fuhren schon bald auf Barum-Reifen aus der CSSR oder gar mit Reifen aus der BRD."

Mein Gastgeber hat sich gut vorbereitet. Auf dem Tisch im Wohnzimmer häufen sich Urkunden, Fotos, Plaketten. Schnell bin ich in diese Schätze vertieft. Dann erregt der Gesprächspartner wieder Aufmerksamkeit: „An den Motoren wurde immer wieder gebastelt, um mehr aus ihnen herauszuholen und gegenüber der Konkurrenz etwas schneller zu sein. Der gleiche K-Wagen startete bei günstigen Umständen mit unterschiedlichen Startnummern. – Wir wechselten uns als Mechaniker oder eben als Fahrer ab. Auch während meiner Armeezeit bin ich gelegentlich gefahren. Ermöglicht hat das im Hintergrund ein Militärstaatsanwalt, der mit im ADMV-Vorstand gewesen ist – Hartmann hat er wohl geheißen. Wenn es notwendig wurde, hat sich dieser bei meinen Vorgesetzten um ein Freistellung bemüht.

Wäre ich ein Arzt, würde ich es so formulieren: Vom K-Wagen-Fieber angesteckt waren ferner Eckehard Fiedler, Dieter Bock (Lehrling bei Auto-Brey) Wieland Hundt (Eisenwerk), Hubert Korn, Dieter Lattermann, die Geschwister Kolozik und weitere.

„Kopf" der ADMV-Motorsportrundschau, die in den 1960er Jahren ihre Redaktion in Arnstadt hatte

Selbst eine Rallye-Gruppe hat es gegeben. Für sie starteten u.a. Wolfgang Hümling, Hans Mohr, der bereits erwähnte Arnd Hornickel, Hans-Christian Köllmer mit seiner Frau als Copilotin und Andere. Auch für sie galt: Vorsicht im Leistungsvergleich! Meist musste mit dem gleichen Auto am Montag auch wieder zur Arbeit gefahren werden.

Über einige Zeit hatte sogar eine regelmäßig erscheinende „Motorsport-Rundschau" des Bezirkes Erfurt ihre Redaktion in Arnstadt, besser gesagt in der Wohnung eines Arnstädter Motorsportfreundes. Regelmäßig wurden in dem Informationsblatt Neuigkeiten aus den Motorsportclubs des Bezirkes sowie aus der Auto- und Motorradwelt berichtet.

Im September 1964 waren in Thüringen die „Six Days" das motorsportliche Großereignis, hier ein Wettkampfteilnehmer nahe einer Zeitkontrolle im Raum Arnstadt (Archiv Ohrenschall)

Bei den „Six Days" stellte der MC Arnstadt zahlreiche Helfer, dafür gab es diese Medaille als Anerkennung

Bei den jährlichen „Wartburg-Rallys" fanden zahlreiche Sonderprüfungen auf abgesperrten Strecken u.a. im Landkreis Arnstadt statt

Beim „Rallye-Team Saporoshez" aus Arnstadt saß Arnd Hornickel am Steuer (Archiv Hornickel)

Hornickel-Eger Gesamtsieger
Zweite iga-Oster-Rallye wieder ein schöner Erfolg

(tlz/khe). Nahezu 70 Zweier-Mannschaften gingen am Karfreitag vom iga-Parkplatz aus auf die 320 km lange Strecke des 2. Meisterschaftslaufes, veranstaltet durch den ADMV Bezirk Erfurt. Die Tücken der Strecke sowie die scharfen Sollzeiten und die Schwierigkeiten der Wertungsprüfungen (Rollprüfung, Slalomprüfung, Beschleunigungs- und Bremsprüfung) sorgten dafür, daß 25 Prozent des Teilnehmerfeldes auf der Strecke blieben.

Wie schon beim ersten Meisterschaftslauf in Nordhausen warteten der 30jährige Arnstädter Ingenieur Arnd Hornickel und sein Beifahrer Eger wiederum mit einer ausgezeichneten Leistung auf. Alle Zeitkontrollen liefen sie fristgerecht an, und auch bei den Wertungsprüfungen schnitten sie gut ab. Selbst auf den schweren Geländestrecken hatten sie ihren Saporoshez sicher in der Hand. Wie schon bei der Roland-Rallye holten sie sich auch in Erfurt den Gesamtsieg. Der Motorklub Arnstadt konnte daneben auch mit seinen übrigen Fahrern den 1. Platz in der Mannschaftswertung belegen. Hervorragend hielten sich auch die Mitglieder des MC Ilfeld, Nordhausen, Leinefelde und Dynamo Erfurt.

Die Mannschaft Hornickel-Eger wurde 1974 bei der Erfurter Oster-Rally Gesamtsieger

Später wechselte Arnd Hornickel zum Autocross, hier bei einem Sprung im Wettkampf (Archiv Hornickel)

Nach 1990 wäre beinahe auch die Fahne des MC Arnstadt im ADMV auf Abbruchresten gelandet

Eines Tages wurde es um den Motorsportclub Arnstadt immer ruhiger, Interessen haben sich verschoben und Kräfte sind ermüdet, die Rahmenbedingungen wurden andere, Nachwuchs fehlte. In den 2000er Jahren erfolgte die stille Auflösung. Was von all dem geblieben ist, sind Erinnerungen und die Clubfahne. Letztere, einst stolz gezeigt, wäre um ein Haar still für immer versunken. Sie hat schützende Hände gefunden.

PROGRAMM

I. Leistungsprüfungsfahrt

„Rund um die Lütschetalsperre"

am 15. April 1962 in Arnstadt

II. Lauf

zur Bezirksbesten-Ermittlung des Bezirkes Erfurt

Veranstalter: Motorsport-Club Arnstadt im ADMV

Verzögert, aber sie kamen in Fahrt

Als Kinder konnten wir in den Nachkriegs-Wintern nach Streifzügen zum Schlittenhügel im Schlossgarten von der Kreuzung Wachsenburgallee in Richtung Eisenbahnunterführung noch voll das Gefälle der Fahrbahn auskosten. Die mit Eis und Schnee überzogene Fahrbahn der Bahnhofstraße hatte zwar die Einordnung als Fernverkehrsstraße, aber eine Gefahr durch Autos gab es kaum.

Diese wahrgenommene Verkehrsarmut vermittelt aber nur eine Sicht. Bei einer Großrazzia im Stadtkreis Arnstadt gegen Schieber und Schwarzhändler wurden im Juli 1947 immerhin 1.500 LKW und Pferdegespanne durchsucht. Dabei waren 150 Polizisten im Einsatz.[*1]

Es werden wohl vorwiegend Gespanne kontrolliert worden sein, schließlich war Benzin nicht nur knapp, sondern auch teuer. Die Arnstädterin Jutta Heyder erinnert sich: „1949 konnte man für 5,-- Mark einen Liter Benzin kaufen." Das Tankstellennetz, das bereits zu Beginn des Zweiten Weltkriegs durch Stilllegungen erheblich ausgedünnt worden war, hat in der Nachkriegszeit seine alte Dichte nicht wieder erreicht. Zudem erfolgte die Zulassung privater Fahrzeuge nur zögerlich. Der Fuhrunternehmer Siegfried Unger wusste zu berichten, dass er zunächst Partner der „Städtischen Fahrbereitschaft" wurde und es den für die Fahrten erforderlichen Treibstoff nur auf Zuteilung gegeben hat. [*2]

Inzwischen ist all das längst Vergangenheit . Wir später Geborenen stellten viele Fragen, waren wohl oft wahre Quälgeister. Bei den Alten drängten bei den Gesprächen immer wieder Erinnerungen hervor. Unsere Kinderaugen leuchteten, wenn wir deren Wissen in uns aufnehmen konnten, ganz ohne Internet. Ein Arnstädter erinnert sich: „aus meiner Kindheit ist mir unvergesslich, dass in der Erfurter Straße bis in das Jahr 1945 ein Opel-Admiral, zu der Zeit ein Spitzenmodell, im Schaufenster gestanden hat."

Das war da, wo nach einem Eis-Café heute ein Massagesalon um Kundschaft wirbt. Diese flachen Gebäuden nahe der auch Geschichte gewordenen Eisdiele Knab waren Ausstellungsräume für Autos. Diese wurden, von hinten hereingefahren. So hat die Firma A. Reinhardt geworben, die ihre Werkstatt unmittelbar neben der Eisenbahnstrecke Arnstadt-Plaue-Meiningen-Nürnberg und zudem in der Bahnhofstraße gegenüber dem Bahnhofscafé auch eine Tankstelle betrieben hat.

Der IFA F9, der zunächst in Zwickau und später in Eisenach gefertigt wurde, wird noch heute bei Oldtimer-Rallys viel bewundert

Bei der Motorisierung lief es in Arnstadt wie in der ganzen DDR. Zunächst bestimmten alte, mit Not fahrtüchtig gehaltene Modelle der Vorkriegsproduktion das Straßenbild. Parallel zum In-Gang-kommen der Wirtschaft waren allmählich neue Typen zu sehen. – Auffallend waren die seltenen, meist schwarzen BMW aus Eisenach. Hinter vorgehaltener Hand hieß es: „Russen, Polizei, hohe Tiere…". Es folgten „F8", „F9" und ab und zu schlich sich auch ein „P70" unter die Fahrzeuge, der erste mit Plasteteilen

verkleidete PKW der DDR, etwas hartkantig wirkend. Ein Traum blieb der „Sachsenring P240", der sich mal als Versuchsfahrzeug nach Arnstadt verirrte. Er blieb ein Versuch. „Volkswirtschaftlich" wurde anders entschieden.
Nicht weniger vielgestaltig waren die Transportfahrzeuge. Anfangs, so erinnere ich mich, rollte ab und an auch noch ein Holzvergaser durch die Stadt, der hinter dem Fahrerhaus einen zylinderförmigen Behälter mit sich herumschleppte. In diesem wurde Holz in Antriebsenergie umgewandelt. Als wir einen Möbeltransport benötigten, lautete die Herausforderung zunächst: Termin und mindestens einen Sack Holz besorgen. Die größte Aufgabenstellung war das Holz. Woher nehmen?

Nach Jahren der Anfangsmühen kamen letztlich immer mehr Arnstädter in Fahrt. Der Chronist berichtet am 13. Juni 1959 nicht ohne Stolz, dass auf dem Bedarfs-Parkplatz Oberschule aus Anlass des Volksfestes „Wollmarkt" erstmals die Motorräder den Fahrrädern zahlenmäßig überlegen sind (500 zu 300). Nahezu jeder Leser wird jetzt Fahrzeugtypen benennen können, die nie in ausreichender Stückzahl, aber doch zunehmend und durchaus nicht nur in Grau oder Schwarz auf die Straßen kamen. Damals modern und begeisternd, sind sie heute abgelöst, lassen aber bei Oldtimer-Veranstaltungen wieder jubeln. Zudem wird manche Erinnerung wach. Neben den bereits

Stolz auf ein eigenes Motorrad (MZ), noch besser gelingen nun Ausflüge, z. B. Zum Campingplatz am Lütsche-Stausee

erwähnten PKW sind es Zweiräder der Marken Simson aus Suhl, MZ aus Zschopau, Jawa (CSSR), Pannonia (Ungarn).
Beim Schwärmen werden nicht nur Ausflüge, Urlaubsfahrten, Pleiten, Pech und Pannen sowie Kuriositäten erwähnt. Wach werden auch Ersatzteiljagden sowie Werkstatt-Termine, die oft in Bittgesuche ausgeartet sind. Schließlich brauchten alle Fahrzeuge, die neuen wie die älteren, Werkstätten und dazu gute Beziehungen. Bald stieß das vor allem aus Meisterbetrieben der Vorkriegszeit hervorgegangene Netz an Grenzen. Alle hatten eines gemeinsam: Sie waren, mehr oder weniger mitten in der Stadt, gut zu Fuß zu erreichen.

Straßenbau im Jonastal

Sie bedurften keiner Werbung

Wer waren sie? Alfred Brey am Kohlenmarkt (Skoda), Autolichtzentrale Eichelroth (Bahnhofstraße 5), Brüder Fritz und Gerhard Helbig (Karl-Marien-Straße)...
Fahrzeugbesitzer, die in einer anderen Stadt arbeiteten, haben auf dortige Werkstätten geschworen und die, die nirgendwo Glück hatten, nahmen wegen ihres liebsten Kindes Wege in umliegende Ortschaften auf sich – zum Beispiel nach Ichtershausen. Bei einer Reifenpanne half die Vulkanisierwerkstatt von Peter Fluck (Weiße 50).

Von all denen, die damals keiner Werbung bedurften, sei eine Werkstatt stellvertretend für die Entwicklung zwischen 1945 und 1990 herausgegriffen. Man schrieb das Jahr 1902 als die Gebr. Max Helbig & Alfermann in der Karl-Marien-Straße eine Schlosserei und Maschinenfabrik eingerichtet haben. Eine Autoreparaturwerkstatt und eine Tankstelle kamen 1928 hinzu. In den 1930er Jahren machte sich die Helbig-Werkstatt einen Namen als Vertragspartner der Auto-Marke „Adler". Abrupt hörte deren Flug auf. Kaum anders erging es der im November 1934 eröffneten Tankstelle – damals eine der modernsten ihrer Art. Nach kriegsbedingter Pause, gaben die dortigen Zapfsäulen ab April 1945 wieder Kraftstoff.
Lautete eine der markigen Propagandasprüche „Deutsche Räder rollen für den Sieg!", konnte ab Mai eher davon gesprochen werden, dass deutsche Räder ausgerollt sind. Und trotzdem, nach beinahe jedem Ende gibt es einen Neubeginn. Wie war der für die Werkstatt Helbig?
Die Antwort darauf war zunächst ausweichend, wie immer mal wieder, zum Beispiel wenn es um die Kriegsheimkehrer ging. Einen solchen gab es auch bei Helbigs, deren Söhne Fritz und Gerhard die Werkstatt nach dem Zweiten Weltkrieg weiterführ-

ten. Gerhard war zunächst in amerikanischer Gefangenschaft und lernte die berüchtigten Rheinwiesen kennen. Diese prägende Erfahrung teilte er mit manch anderem Arnstädter.
Nur mit zeitlicher Verzögerung und bruchstückhaft ist zu erfahren gewesen, was in den dortigen Gefangenenlagern geschah. Unglaubliches, wie auf so vielen Kriegsschauplätzen. Jahrzehnte später wagten Sender, Bilder von diesem Geschehen über die Fernsehbildschirme flimmern zu lassen.
Was war geschehen? Im Zusammenhang mit dem schnellen Vorankommen der Westalliierten wuchs zum Kriegsende die Zahl der Gefangenen schlagartig an. So entstand bei Bad Kreuznach / Bretzenheim ein berüchtigtes Gefangenenlager der amerikanischen Besatzungsmacht. Hier vegetierten die Gefangenen im Frühjahr 1945 unter freiem Himmel. Der einst inhaftierte Erich Werner erinnerte sich: „Das Gefangenenlager war ein vom Regen durchweichter Acker, Stacheldraht umzäunt… Wir lagen auf schlammigem Ackerboden, Körper an Körper, weil nur je drei Mann eine Wolldecke hatten… Die Latrine war nur eine mit einem Bulldozer ausgehobene, etwa von der Größe wie zwei Zimmer, große Grube…
Jeden Morgen gingen Sanitäter durch die endlosen Reihen der Liegenden und stießen diejenigen mit dem Fuß an, von denen sie glaubten, daß sie tot waren…"
Auch Jens Knabe aus Arnstadt erinnert sich an Gespräche mit seinem Vater, der im Sommer 1945 wieder nach Hause kam und sich zunächst in Jahre des Schweigens hüllte.

Wenden wir uns wieder dem Neubeginn zu. Nach dem Verheilen der Kriegsblessuren folgten Jahre, in denen sprichwörtlich aus „Nichts" etwas gemacht wurde. Erste Erfolge stellten sich ein. Im Jahr 1954 wurde die Werkstatt Helbig um eine neue Halle zur Wartung von Fahrzeugen erweitert. Sogar Lehrlinge bekamen wieder eine Chance. Zu diesen gehörte von 1956 bis 1959 der angehende Kraftfahrzeugschlosser Johann-Georg Mahler. Das

Jahr, in dem dieser sein Facharbeiterzeugnis bekam, machte das bisherige Handwerksunternehmen per Verfügung zum halbstaatlichen Betrieb.

Es kam einem Ritterschlag für handwerkliches Können gleich, als der Betrieb in den 1950er Jahren „Vertragswerkstatt für Wartburg" wurde. Zudem erfolgte eine Instandsetzung von Fahrzeugen des Typs Robour. Ohne diese lief bei wichtigen Arnstädter Versorgungsbetrieben nur schwer etwas. Zu diesen gehörte der VEB Backwaren, der ebenfalls über die Stadt hinaus liefernde Milchhof (s.a. Ludwig: Weißde noch? Buch 3), die Brauerei und nicht zuletzt der Kohlenhandel. Kunden waren zudem die Feuerwehr und die Wasserwirtschaft.

Auf dem Güterbahnhof Eisenach: Verladung von Wartburg 353. Ziel des Ganzzuges war Ungarn

Immer mehr Fahrzeugtypen kamen in das Reparaturprogramm, beispielsweise auch Transporter polnischen oder rumänischen Ursprungs. Für alle Fahrzeuge galt: Ersatzteile sind knapp. Das Bemühen um Selbsthilfe erreichte heute unvorstellbare Ausmaße. Um manche Teile selber fertigen zu können, wurde gar eine eigene Dreherei unterhalten. in den Jahren 1959-1970 durften etwa einmal im Monat Ersatzteile eingekauft werden. Das hatte zwei gute Gründe: Wären alle Werkstätten auf einmal auf Ersatzteile-Jagd gegangen, hätte es bei den Herstellern größte Probleme gegeben. Außerdem reichte das Benzin-Kontingent nicht, um laufend in der gesamten Republik unterwegs sein zu können. „Trotzdem", so erinnern sich Eingeweihte „in der Regel war immer einer unterwegs und kaufte mit oder ohne Genehmigung irgendwo Ersatzteile, damit den Kunden weitergeholfen werden konnte". In anderen Werkstätten war es ähnlich, je nach „Vertragspartnerschaft" für die inzwischen breiter werdende Fahrzeugpalette waren die Zielorte für Organisationstouren unterschiedlich. Beim VEB Instandsetzung Erfurt, Meisterbereich Karl-Marien-Str. Arnstadt, so nannte sich die Helbig-Werkstatt inzwischen, waren es vor allem Eisenach, Erfurt, Karl-Marx-Stadt (Chemnitz) und Heidenau.

Ist wenigsten das Fahrgestell vorhanden?

Johann-Georg Mahler, der den Betrieb nach der Verstaatlichung im Jahr 1972 mehrere Jahre leitete, erinnert sich gerne an die gute Zusammenarbeit mit den Kundendienstmitarbeitern des Automobilwerks AWE in Eisenach. Inzwischen mit einem Schmunzeln im Gesicht, verrät er: „Oft gab es aus Mangel an neuen Fahrzeugen Grundinstandsetzungen. Das heißt, dass auf der Basis von Fahrzeuggrundelementen, zumindest des Fahrgestells mit Originalnummer, ein Neuaufbau erfolgte. Dazu mussten Teile beschafft oder regeneriert werden. Das machte diese Autos gelegentlich teurer als ein neues. Doch was wollten wir machen? – Die Autos wurden ja dringend gebraucht."

Als die UdSSR zur Messe in Leipzig ihren weiterentwickelten „Lada" vorstellte, war er schnell ein Objekt der Begierde

Zentral verfügter Drang zur Konzentration und der Wunsch, so Probleme besser lösen zu können, sorgten dafür, dass das Netz der Werkstätten wiederholt neu geordnet worden ist. Dazu weiß Hans-Georg Mahler: „Eines Tages wurde die Werkstatt eine Betriebsstelle mit 3 Meisterbereichen: In der Bahnhofstraße befand sich die Werkstatt für LADA und Trabant, in Ichtershausen reparierten wir den B1000 und in der Karl-Marien-Straße dominierte weiter der Wartburg-Service. Alle drei Bereiche hatten die Klammer VEB Kfz-Instandsetzung Erfurt. Zum Betrieb gehörte nun auch ein Abschleppdienst".

Dennoch blieb die Ersatzteilsituation angespannt. Einige Ministerratsbeschlüsse legten fest, dass die Bevölkerung vorrangig mit Reparaturleistungen zufriedenzustellen ist. Mit der politischen Veränderungen 1990 kam der Betrieb zur Treuhand. Ein Jahr später erfolgte die Reprivatisierung. Wie einst, es kam wieder Autohandel hinzu. Der Aufschwung dauerte nur bis 1995, dann hörte die Karl-Marien-Str.10 auf, eine Adresse für kranke Autos zu sein. 2017/18 wurde am einstigen Standort der Firma ein Wohn- und Geschäftshaus errichtet.

Bei „Minol" präsentierten sich auch die Boxen der Nachttankstelle rot-gelb

Längst waren die Autohäuser mit Werkstatt an den neuen Rand der Stadt gezogen, so die Firmen Kühn und Brey. Mahler, der seinen Fuß gar nach Ichtershausen setzte, erinnert sich wohl ewig an die zähen Verhandlungen und stundenlangen Diskussionen mit der Treuhand, bis er endlich den Betriebsteil eines ehemaligen Ganzen kaufen und für die Familie entwickeln konnte.

Den Sorgen der DDR-Zeit folgten andere – solche, die sich bis in die Gegenwart verstärken. Die Interessen der großen Konzerne decken sich nur selten mit den finanziellen Möglichkeiten vor Ort, so sagen viele Händler bzw. Betreiber von Werkstätten.

Ein Netz von Werkstätten ist keineswegs die einzige Voraussetzung für Mobilität. Das war zu DDR-Zeiten nicht anders. Wie stand es nun in Arnstadt um den Handel mit Fahrzeugen, Tankstellen und Serviceeinrichtungen? Da bin ich bei meinen Recherchen nochmals auf den Namen Helbig gestoßen. Eingangs war bereits zu lesen, dass die Vorfahren Helbig nach dem Krieg das Unternehmen an die Söhne Gerhard und Fritz übergeben haben. Letzterer hat bis 1960 (ab 1959 unter dem Firmenzeichen Minol)* die frühere elterliche Tankstelle in der Ichtershäuser Straße betrieben.

Die Entwicklung brachte es mit sich, dass diese als eine der wenigen, einst zahlreichen Arnstädter Tankstellen übrig geblieben ist. Dafür wurde sie immer mal wieder den wachsenden Anforderungen angepasst. Im Jahr 1963 strahlte nicht nur ein großes gelbes „T" in den nächtlichen Himmel, Arnstadt verfügte ab nun auch über eine Automaten-Tankbox. Installiert war sie etwas abseits des Tankstellengebäudes an einer der Zufahrten, etwa da, wo sich heute die Waschanlage der „elf-Tankstelle" befindet. Die Neuerung glich den Fächern der Gepäckautomaten auf den Bahnhöfen und gab nach

Der Wartburg 312 in seinen zahlreichen Varianten hat international „Schönheitspreise" eingefahren. Das Wartburg-Sport-Coupe, hier bei einer Oldtimer-Rally in Arnstadt auf dem Holzmarkt, ist nach wie vor ein Hingucker

dem vorausschauenden Erwerb eines Schlüssels einen gefüllten Benzinkanister frei. So war es auch nach Dienstschluss der Tankstelle möglich, eine begrenzte Menge Benzin zu tanken. Heute mag man darüber schmunzeln, damals war es eine kleine Sensation. Bestand hatte diese Idee nicht. Eine weitere Modernisierung kam und als am 01. August 1966 die Übergabe der aufpolierten Tankstelle erfolgte, jubelte die Zeitung: Moderne Tanksäulen beschleunigen die Abfertigung.
War 1966 das Jahr der Tankstellen? Am 01. September eröffnete die Firma „Fritz B. Köllmer KG" eine weitere am Mühlweg.
Jahre später waren es zunächst nur in die Öffentlichkeit getragene dienstliche Geheimnisse. Dann sagten manche: „Alles Gerüchte!" Schließlich rückte aber eine Spezial-Baufirma aus Österreich an und baute eine völlig neue Tankstelle. Erdtanks wurden ausgetauscht, Zufahrten geändert, neue Zapfsäulen aufgestellt. In der Zeit der Interhotels und Intershops bekam Arnstadt eine Art Inter-Tankstelle. Ihren größten Tagesumsatz erzielte sie wohl am 10. November 1989. Nach der Grenzöffnung brach die große Reisewelle los. Minol tat alles, damit genug Benzin da war. – Anderes Handeln wäre zum Politikum geworden, hätte weiteren Unmut ausgelöst!

Um das Bild abzurunden, nach dem Zweiten Weltkrieg gab es weitere Tankstellen in der Ichtershäuser Straße / Ecke Kauffbergstraße (Weißhaupt, heute Motorradhandlung Mohr) und in der Bahnhofstraße gegenüber dem damaligen Bahnhofscafé. Rudimente lassen zudem eine Tankstelle am Stadtausgang Richtung Jonastal erkennen. Noch früher gab es Zapfsäulen auch auf dem Riedplatz sowie auf dem Kohlenmarkt. Mehr dazu kann der interessierte Leser in dem mit viel Mühe recherchierten Handbuch von Lothar Schmidt nachlesen, das 2020 vom Thüringer Geschichtsverein herausgegeben worden ist.
Während das in der ehemaligen Gaststätte „Wacholderbaum" eingezogene Fahrzeuggeschäft des Konsum im Januar 1966 damit werben konnte, dass der Motorroller Troll 1 (Hersteller: Industrie-

werke Ludwigsfelde) nun für 2.295,00 Mark der Deutschen Notenbank nicht nur sofort, sondern auch auf Teilzahlung zu haben sei, blieb der Erwerb eines PKW bis zum Jahr 1989 mit langen Wartezeiten verbunden. Anmeldungen dafür konnten in einem Fachgeschäft der HO* in der Marktstraße abgegeben werden. Nicht selten bildete sich vor dem Laden eine Warteschlange. – Die Einen waren bereits Besitzer eines Fahrzeugs und brauchten fast immer irgendwie ein Ersatzteil, gerne auch als Vorrat. Die Anderen wollten sich einen PKW-Traum erfüllen. Der Kauf erfolgte in aller Regel beim IFA*-Vertrieb – ohne Einordnen in eine „Wartegemeinschaft" auf der Straße. Nach Jahren verkündete eine Benachrichtigungskarte: „Sie können…" Begeisterndes Ziel war dann in aller Regel ein IFA-Auslieferungslager, z.B. in Erfurt.

Nach dem Kauf stieg der stolze Besitzer fast automatisch in eine stillschweigend funktionierende Gemeinschaft auf: Sonnabends ist Autoputztag – auf städtischen Straßen und auf den Flächen vor Garagengemeinschaften. Letztere waren im NAW* mit der Mühe verbunden, sich am Bau von Garagen zu beteiligen. Mit Glück, gelegentlich auch Beziehungen und vor allem nach geleisteter Arbeit, konnte dann das wertvolle Stück sicher untergestellt werden. Von einem zum anderen Fahrzeugbesitzer gab es die Empfehlung: „Damit er Dir nicht so schnell rostet, solltest'de eine Hohlraumkonservierung vornehmen!" Einfach so war das Vorhaben nicht umzusetzen. Umso erfreulicher der 02. Mai 1968: Der VEB DLK* Elektrik eröffnet in der Nordstraße eine halb automatische PKW-Waschanlage. Es wurde ein komplexer Service geboten: Autowäsche, Hilfe bei Störungen an der Fahrzeugelektrik und eben auch Hohlraumkonservierung. Ein Jahr später erweiterte sich der Betrieb, übernahm die Autolichtzentrale der Firma Eichelroth in der Bahnhofstraße.

Alles in allem, in den 1970er Jahren wurde zunehmend deutlich, dass die Straßen des ältesten Ortes der DDR (704 erstmals urkundlich erwähnt), einst für eine ganz andere Art der Mobilität ausgelegt, der wachsenden Verkehrsflut nicht mehr gewachsen sind. Zuerst wurde die Ichtershäuser Straße verbreitert und mit einem anderen Straßenbelag versehen. Damals, im Jahr 1953, musste dafür die Tankstelle von Otto Weißhaupt weichen. Wo einst in einer überdachten Spur getankt werden konnte, befinden sich heute Fuß- und Radweg sowie ein Grünstreifen.

1974/75 veränderte sich das Bild der Kreuzung Wachsenburg-Allee / Bahnhofstraße. Wo sich heute der „Straßburgkreisel" befindet, wurde die Kreuzung ausgebaut. Auch dort existierte einst eine Tankstelle. Zum Zeitpunkt des Umbaus der Kreuzung und des damit verbundenen Abrisses von Baulichkeiten, existierte die Tankstelle längst nur noch in der Erinnerung der Älteren. – Die Tanksäule soll schon 1946 ein sowjetischer Panzer beiseite geschoben haben.

In den 1980er Jahren erfolgte im Bemühen des Straßenverkehrs Herr zu werden, in einzelnen Schritten mit Abriss von Häusern ein Ausbau des innerstädtischen Straßennetzes. Die nachfolgende teilweise Verlegung der Fernverkehrsstraße 4 wurde möglich. Arnstadt bekam seine erste Fußgängerzone. Diese kamen deutschlandweit schon seit Jahren mehr und mehr in Mode.

Ab 1990 wurden gleich mehrere Tankstellen gebaut oder modernisiert. Ihre Namen und Erscheinungsbilder wechselten ebenso wie die Besitzer oder Pächter und kaum jemand erinnert sich daran, dass es um einen Bau vor seiner Ausführung auch Unmut gegeben hat. Die Tankstelle zwischen Kauffbergstraße und Bierweg wollten um Lebensqualität besorgte Bürger nicht. – Gebaut wurde sie trotzdem, beinahe an der Stelle wo einst Otto Weißhaupt Kraftfahrzeuge betankte und Fahrschüler ausgebildet hat. Autohäuser und -Werkstätten befinden sich inzwischen bis auf Ausnahmen nur noch am Stadtrand, vor allem im Industrie- und Gewerbegebiet Arnstadt-Nord (Erfurter Kreuz).

Die Entwicklung ist nicht am Ende. Bestimmt wird eines Tages ein anderer an Historie Interessierter weiter berichten. Man darf gespannt sein.

Als ab dem 10.11.89 jeder per PKW eine „Westreise" antreten durfte, bestimmten Staus das Geschehen, z.B. auf der A4 bei Eisenach

Zur Automobil-Wirklichkeit der 1990er Jahren gehört, dass einst Begehrtes schnell zu Schrott wurde und dieser beim Abzug der russischen Truppen bevorzugt in der Nähe von Kasernen „entsorgt" wurde – hier bei Rudisleben

*Mit der zunehmenden Verkehrsdichte wurde auch der Parkplatz
vor dem Rathaus eng*

*Halle der Auto-Reparaturwerkstatt Helbig im Zentrum Arnstadts
kurz vor dem Abriss*

Mit der Werkstatt mussten in der Karl-Marien-Straße auch Wohnhäuser einer Neubebauung weichen

Auf der Fläche Helbig wurde zwischen Turnvater-Jahn-Straße und Karl-Marien-Straße ein Geschäfts- und Wohngebäude errichtet

Bunt wie eine Sommerwiese

Im Zusammenhang mit Arnstadt fallen bekannte Namen. Johann Sebastian Bach zum Beispiel kam als junger Organist hierher. Vor und nach seinen Arnstädter Jahren von 1703 – 1707 lebten und wirkten weitere verdiente Angehörige der Familie Bach in Arnstadt.
Frederike Henriette Christiane Eugenie John (1825-1887) entwickelte sich in der Stadt am Fuß des Thüringer Waldes zur Schrift-

Wohnhaus von Willibald Alexis um 1858, für die Nachwelt künstlerisch erhalten durch W. Höring

stellerin Eugenie Marlitt, die 10 Romane veröffentlicht und zu einer Bestsellerautorin ihrer Zeit geworden ist.
In der Kühnchen Apotheke unter den Marktarkaden ging Ludwig Bechstein ab 1818 in die Lehre und war schließlich als Provisor* tätig. Zum Begriff wurde er als Sammler und Erzähler von Märchen, und Sagen, Reiseschriftsteller, Dichter sowie Altertums-, Geschichts- und Literaturforscher.

Dem verlockenden Ruf des für kurze Zeit aufblühenden Bäder- und Kurbetriebs in dem kleinen thüringischen Städtchen folgte 1851 der Berliner Willibald Alexis. Er war Schriftsteller, Publizist, Übersetzer und Herausgeber literarischer Zeitschriften. Im Jahr 1871 fand er in Arnstadt seine letzte Ruhe
Zu allen Zeiten aber gab es auch vielfältige kulturelle Regungen, die weniger bekannt wurden. Und wer spricht von den vielen Aktivitäten der jüngeren Vergangenheit? Sie lieferten nur kurzzeitig Schlagzeilen, von den zahlreichen Arnstädterinnen und Arnstädtern, die in zig Arbeitsgruppen, Zirkeln und anderen Zu-

Kurhaus Anfang des 20. Jahrhunderts, Sammlung Schindler

sammenschlüssen emsig waren und mit ihrer Volkskunst doch Tausende erfreuten. Wer geneigt war, konnte seine Fähigkeiten überall einbringen. Und wer nicht wollte, so wie heute auch, ließ sich eben unterhalten. Alles in allem, das kulturelle Leben hat sich nachdem die ärgsten Kriegswunden verheilt waren, recht schnell entwickelt. Kulturelle Teilhabe, wie auch immer, half, die traumatischen Erlebnisse des hoffentlich wohl letzten Weltkrieges nach und nach zu verarbeiten. Bald glich die kulturelle Vielfalt einer Sommerwiese.
Im Band der kleinen Buchreihe „Weißde noch?"* stand das Kreis-

kulturhaus in der Lindenallee, nach dem Trägerbetrieb auch kurz „Chema" genannt, im Mittelpunkt einer Geschichte. In den Jahren 1949 bis 1990 hatte Arnstadt aber nicht nur ein, sondern gleich drei Kulturhäuser. Dazu gab es Säle in diversen kleineren Einrichtungen bzw. Gaststätten. Zugegeben, Schließungen und gar Abriss erschweren das Erinnern. In der Lindenallee entwickelte sich einst zuweilen sogar ein Hauch Konkurrenz zwischen den Kulturhäusern.

Neben dem bereits genannten gab es das RFT-Kulturhaus „Rosa Luxemburg". Zu Hochzeiten der Ausgelassenheit, zum Fasching beispielsweise, oder Silvester, gab es zwischen beiden Häusern sogar ein abgestimmtes Miteinander. Dann herrschte im wahrsten Sinn des Wortes „Tanz auf allen Sälen". Die Gäste pendelten. Zum RFT-Kulturhaus an dieser Stelle etwas mehr. Ehe es so bedeutungsvoll für Arnstadts kulturelles Leben in der Zeit der DDR wurde, hat es eine Vielzahl von Um- und Erweiterungsbauten gegeben. Wiederholt nannte man dies Neubeginn. Wen wundert es da, dass heute immer weniger Arnstädterinnen und Arnstädter wissen, dass hier der als Badegast nach Arnstadt gekommene Dichter Willibald Alexis 1852 seine Sommerresidenz errichten ließ? Diese wurde später zum Grundstein für das sogenannte Kurhaus. Rührige Arnstädter versuchten zu der Zeit, ihr Städtchen zum Badeort zu entwickeln. Das aber ist eine ganz andere Geschichte.

Also zurück in die Zeit 1945 bis 1990, die die Hauptnahrung der Erinnerungen für diese Veröffentlichung liefert. Bei Kriegsende bot dieses Bauwerk ein trostloses Äußeres. Insofern unterschied es sich kaum von manch anderem. Zuletzt war es u.a. Quartier für nach Deutschland verschleppte Fremdarbeiter. Auch von Flüchtlingen ist die Rede, die hier ein erstes Notquartier gefunden haben. Schließlich schlug für das Bauwerk eine weitere Stunde Null. Dieser folgte hier 1946 die Gründung der FDJ für den Landkreis Arnstadt/Ilmenau. Da gerade Daten genannt werden, die heute gerne wissentlich in Vergessenheit geraten: Hier sprach

am 05.01.1912 Rosa Luxemburg* auf einer Wahlveranstaltung und wurde von vielen Arnstädtern begeistert begrüßt. Der Saal, so ist überliefert, habe nicht ausgereicht. Mit dem Traditionsverständnis der DDR kam das Kulturhaus so zu der Namensgebung „RFT-Kulturhaus Rosa Luxemburg".
Hinsichtlich der wieder beginnenden zivilen Nutzung erinnerte sich bei den Recherchen Jutta Heyder. In all der Trübsal nach dem Zeiten Weltkrieg um 1947 fand sie hier zusammen mit anderen allmählich zur Freude zurück.
Als wäre es gestern erst gewesen, berichtete sie: „Eine Herausforderung ganz besonderer Art war es für Mutti, als ich mit den

Nach Ereignissen mit viel Leid kehrt u.a. mit einem Tanzschule-Abschlussball wieder ein Hauch Lebensfreude zurück. Das Gebäude ist noch vom Krieg gezeichnet. Archiv I. Schäfer

anderen Nähmädchen von Schürzen-Krebs* die Tanzstunde mitmachen wollte. Das hieß; zum Abschlussball eine Torte und ein langes Kleid…
Mutti entschied: Es gibt eine Erdbeertorte. Alle anderen kamen mit Buttercremetorten, wie sie es auch immer bewerkstelligten…

Das Kleid war nicht so problematisch, wurde aus einem Kleid von Mutti mit einem passenden Rest zusammen verarbeitet. Unsere „Hausschneiderin", Frau Stütz, hatte ganze Arbeit geleistet. Es sah bildschön aus. Für ihre Arbeit erbat diese pro Tag 6,-- Mark und ihr Essen, schaffte aber an einem Tag locker ein Kleid oder eine Jacke… Damaliger aktueller Modetrend: Aus zwei alten zaubere ein schickes neues Teil.
Was die Tanzstunde betraf, hatte ich noch ein Problem. Ich musste mein einziges Paar Kunstseidenstrümpfe über die Tanzstunden und den Ball retten. Ohne Strümpfe war zur Tanzstunde kein Einlass. Wir gingen meist barfuß hin und zogen sie in der Garderobe an. Das waren ja keine Nylons, man musste sie behandeln wie rohe Eier, damit keine Masche lief. Neue gab es nur auf Kleiderkarte."

Im Jahr 1954 erfolgte die Umgestaltung des einstigen Kurhauses zum RFT-Kulturhaus. Damit hielt ein Treiben Einzug, das über Jahre zu dem lebendigsten seiner Geschichte gezählt werden kann – nur unterbrochen durch Umbauten und Modernisierung 1967/68. Es entstanden Klub- und Vereinszimmer, sogar komplett eingerichtete Arbeitsräume für einen Fotozirkel.
War das alles? fragte mich ein „Jung-Arnstädter". Nein, hier noch ein paar Begriffe: RFT-Blasorchester, Studioballett, Nachwuchsballett, Studiochor, Combo, Hauskapellen „Passat" und „Melodic's", Filmclub, Tanzkreis, Arnstädter Karnevalsclub (AKC), Zirkel Philatelie…
Ein Saal für rund 500 Personen ermöglichte in dem zweitgrößten Kulturhaus der Stadt zahlreiche öffentliche Veranstaltungen. Viele erinnern sich noch heute an Tanzabende, Feierlichkeiten wie die Jugendweihe, Ausstellungen und Konferenzen. Die Bühne bot 80 Quadratmeter und damit durchaus Entfaltungsmöglichkeiten. Zudem gab es einen separaten kleinen Saal mit bis zu 120 Plätzen. Die Gartenstube war mit Platz für 30 Personen deutlich kleiner und insbesondere für Club- und Gesprächsabende recht

gut geeignet. Eine Gaststätte und diverse Klub- und Beratungsräume boten mehreren Zirkeln und diversen Interessengruppen gleichzeitig Platz.
Jedes Monatsprogramm zeigte sich umfangreich. Alle Räume erfreuten sich reger Nachfrage. Betriebs- und Brigadefeiern, regelmäßige Tanzveranstaltungen, unterschiedliche Festlichkeiten, Tagungen, Konferenzen und vieles mehr folgten dicht gedrängt. Zudem bot das 1958 durch den bisherigen Trägerbetrieb käuflich erworbene Kulturhaus über den kulturpolitischen Leiter des Hauses vertraglich vereinbart, Dienstleistungen: Programm des Volkskunstensembles (mit 60-Minuten-Programm auch außer

Das Kurhaus wird in der DDR zum Kulturhaus des VEB RFT-Fernmeldewerk

Haus), Vermittlung von Programmen der Konzert- und Gastspieldirektion, Kapellen und Diskotheken, für Gäste, die nicht aus Arnstadt kommen.
Am 14. März 1959 kamen sogar leichte Hoffnungen ganz anderer Art auf. – Im Saal tagte eine „Gesamtdeutsche Arbeiterkonferenz" mit Teilnehmern von SPD und DGB. Immerhin gingen

noch 30 Jahre ins Land ehe sich gesamtdeutsch etwas entwickelte. Der immer neue Ängste schürende Kalte Krieg zwischen den Systemen östlich und westlich der potenziellen Frontlinie mitten durch Deutschland, gab zunächst eine ganz andere Richtung vor. Nochmals ist Jutta Heyder meine Zeitzeugin. Sie tanzte hier nicht nur, sondern leitete später über Jahre ehrenamtlich den „Zirkel Textiles Gestalten". Von Kindes Beinen brachte sie das richtige Gespür mit und nutze Wissen – erworben im Beruf und bei gezielten Weiterbildungsmaßnahmen. In Zusammenarbeit mit zahlreichen Frauen wurden mit Zutaten aus der heimischen Bekleidungsindustrie, aber auch extra besorgten Materialien Tier- und Puppengestalten und vieles mehr gefertigt.

Einen weiteren Zirkel „Gestalten" leitete über viele Jahre Marianne König. Auch hier gehörten Tiere und vor allem diverse Puppen zum Sortiment. Viele dieser Schöpfungen lösten in Kindergärten und Horten der Stadt große Freude aus – nicht nur weil sie kostenlos übergeben worden sind. In den 1960er Jahren mischten sich unter die Figuren auch solche mit gesellschaftlichem Erziehungsauftrag. Viele erinnern sich noch an Fantasiegestalten und damit verbundene Aktionen, wie "Wattfraß", „Bremsheini" und „Rumpelmännchen"*. Auch das Sandmännchen, das Abend für Abend über das Fernsehen den Nachtgruß an die Kinder überbrachte, wurde von der Gruppe um Frau König nachgebildet. Juristische Spitzfindigkeiten hinsichtlich „Produktschutz" gab es damals kaum. Mit einer Stoffplastik, bestehend aus 9 Figuren, hielt Marianne König sogar das Schaffen des Mal- und Zeichenzirkels um Otto Knöpfer fest. Die Schöpferinnen all der lustigen Figuren errangen so manchen Preis. Eines Tages kam sogar ein Auftrag des Puppenspielmuseums in Dresden zur Herstellung einer Serie Handpuppen.

Zudem zauberten die Frauen des Zirkels Trachten. Premiere hatten diese am 07.10.1962 an den Körpern von Frauen und Männern der Tanzgruppe des VEB Fernmeldewerk Arnstadt. Gegen 1953 unter Anleitung der Betriebsangehörigen Inge Graßhoff gestartet, erfolgte ab 1955 die Anleitung durch den Pädagogen f. Volkstanz, Kurt Vogel aus Apolda. Immer neue Tänze fanden Eingang in das Programm, z.B. der „Jägerneuner", ein Volkstanz aus dem Oldenburgischen. Die inzwischen auf acht weibliche und sechs männliche Teilnehmer angewachsene Gruppe widmete sich immer mehr der Pflege von Volkstänzen. Maßgeblichen Anteil an dieser Entwicklung hatte der in der Arnstädter Volkskunst und Geschichtsforschung recht vielseitige Ernst Stahl, der ab 1957 als organisatorischer Leiter fungierte. Verstärkt kamen

RFT - Kulturhaus in einer Postkartendarstellung, v.l.o. nach r.unten: Blick vom Willibald-Alexis-Park, Saal, Gaststätte und Gartenzimmer

thüringische Volkstänze in das Programm, beispielsweise der „Brauer- und Böttchertanz". Seinen Ursprung hat dieser nachweislich in der Gegend um Arnstadt. Für Internationalität sorgte ab 1960 ein rumänischer Ballettmeister, der geraume Zeit im RFT-Fernmeldewerk tätig gewesen ist. Rumänische Tänze brachten noch breiterer Vielfalt.

1983 zählt das Haus bei 1.500 Veranstaltungen etwa 100.000 Menschen.

Ausstrahlung nach außen gab es über Aufzeichnungen und Direktübertragungen von Hör- und Fernsehfunk sogar weit über Arnstadt hinaus. Daran sollte sich zunächst auch nach den 1989 in Gang kommenden Veränderungen scheinbar nichts ändern. Letztlich aber bekamen die Skeptiker ihre Bestätigung. Einer der letzten kulturellen Höhepunkte war in den 1990er-Jahren die Aufzeichnung der ZDF-Unterhaltungssendung „Lustige Musikanten" mit Marianne und Michael. Aller Trubel konnte nicht

Anfang der 1990er-Jahre wurde das Kulturhaus für kurze Zeit zum Bürgerhaus Lindeneck

darüber hinwegtäuschen, dass es mit „lustig" bald vorbei sei. Im Zug der Rückübertragung der Liegenschaft an die Stadt gab es Bemühungen, dort das „Bürgerhaus Lindeneck" einzurichten. Es bildete sich sogar ein Bürgerverein Lindeneck e.V.. Alles vergeblich! Daran konnten gar heftig geführte Debatten nichts ändern, auch nicht die Tatsache, dass sich im großen Saal über

Jahre der Kreistag des Ilm-Kreises zu seinen Tagungen traf. Die gastronomische Versorgung und die Gesamtimmobilie wurden schließlich an einen privaten Betreiber aus der Region veräußert. Mit dem „Kartoffelhaus" funkelten nochmals Sternchen der Hoffnung. Zudem wurde der Versuch unternommen, mit einem Biergarten und baulichen Veränderungen alles den neuen „Erlebniswünschen" anzupassen. Was für die einen ein Erlebnis, empfanden andere als Belästigung der Nachbarschaft. Anderes kam hinzu und eines Tages gingen die Lichter aus. Das Gebäude wurde heruntergewirtschaftet zurückgelassen. Schließlich erlangten Vandalen Zutritt (Brandstiftung, Zerstörung, Schrottgewinnung).
Das letzte Ensemble, das hier auftrat kam mit Baggern. Im Spätsommer 2012 zerfiel eine historische Kulturstätte zu Schutt. Immerhin – Erinnerungen leben fort. Heute steht an gleicher Stelle ein Bank-, Geschäfts- und Wohnhaus.

Ohne sich zu ausgiebig in die Geschichte von weiteren kulturell bedeutsamen Häusern zu verlieren, soll es der Vollständigkeit wegen noch ein paar Erwähnungen geben. Nach knapp fünf Minuten Gang in westlicher Richtung stieß der Fußgänger auf das um 1846 im Stil des Klassizismus erbaute Haus „Concordia". Insbesondere nach 1945 hatte auch dieses Gebäude rasch wechselnde Nutzer und Bezeichnungen. Hier befand sich damals sogar einer der Trittsteine für die aus dem Böhmischen Vertriebenen, die in Arnstadt erfolgreich ihr altes Handwerk der Glasgestaltung zu neuem Leben erweckten (s. 0a. Weißde noch, Band 3). Über viele Jahre war es das Haus der Deutsch-Sowjetischen-Freundschaft. Letztlich wurde es Jugendklubhaus. Geboten wurden unterhaltsame Abende, Vorträge und Veranstaltungen im Rahmen der vorgegebenen Jugendpolitik. Im Veranstaltungsprogramm für September 1963 ist unter dem 07. September zu lesen: „Abnahme des Sportleistungsabzeichens in unserem Garten, Bedingung Schießen…"

In Parterre fand sich hier eine Gaststätte nebst Klubraum und in der ersten Etage zwei verknüpfbare Säle für bis zu 200 Gäste. Die dortige Bühne war zwar klein, aber durchaus vielseitig nutzbar. Hinzu kamen Gesellschaftsräume und ein großer Garten. Die Veranstaltungsbreite reichte von Vorträgen und kleinen Theatervorführungen, speziell für Kinder, bis hin zu Tanzveranstaltungen. Selbst ewig jung Gebliebene erlebten in dem Saal frohe Stunden, z.B. bei Betriebsfeiern.

In den Jahren 1979-1989 machten hier regelmäßig die Brüder Mario und Hartwig Neumann mit ihrem „Disko-Mobil" Station

Ein Bau der Gegenwart: Geschäfts- und Wohnhaus mit Filiale der Erfurter Bank in Arnstadt

und ergänzten die Auftritte beliebter Bands. Das Diskofieber, das inzwischen auch Arnstädter Jugendliche ergriffen hatte, sorgte für noch mehr Abwechslung. Zunächst unterschied sich das technische Handwerkszeug der „Macher", amtlich „Schallplattenunterhalter" genannt, kaum von dem, das bei privaten Feten genutzt wurde: Handelsübliche Geräte, Plattenspieler, Kassettendecks. Auf den ersteren drehten sich vor allem AMIGA-Lizenzplatten und die Kassetten lieferten nicht selten auf andere Art besorgte Titel, meist ganz privat mitgeschnittene Aufnahmen. Egal, wie auch immer, das Verhältnis 60:40 (Ost- und Westtitel) musste stimmen. Zudem sollte der „Schallplattenunterhalter" fähig sein, nicht nur zu unterhalten, sondern hintergründig auch zu bilden. Die Befähigung war vor dem „gewerbsmäßigen" Start im Rahmen einer Prüfung beim Kreiskabinett für Kulturarbeit zu beweisen. Einmal mit dem „Geschäft" in Schwung gekommen, strebten

Mit dem Abriss des RFT-Kulturhauses endete ein Stück Arnstädter Kulturgeschichte. Das Foto zeigt einen letzten Blick auf die Reste des Saals

die Guten der Geprüften rasch nach Höherem. Das begann bei Verstärkern, ging über zum Teil mit Unterstützung von Freunden geschaffene Lichteffekte, bis hin zu guten Einfällen hinsichtlich Programmgestaltung. Diese reichten sogar für Themenabende.
Mario Neumann erinnert sich: „Wir durften donnerstags 19 bis 22

Uhr für die unter 16-jährigen „auflegen", freitags und samstags gab es Disko für die älteren Schüler und Erwachsene. Der Eintrittspreis: 1,10 Mark. An zwei Samstagen pro Monat gab es sogar ‚Mitternachtspartys' – diese gingen bis 24 Uhr."

Der bunte Strauß von Möglichkeiten bot beinahe in Sichtweite von Kreiskultur- sowie RFT-Kulturhaus speziell für Kinder eine weitere Möglichkeit, Ausgleich zum Alltag zu finden. Interessierte brauchten nur über eine der einst drei Gerabrücken zu gehen

Aus dem einstigen Logen-Haus der Freidenker, dem späteren Pionierhaus (im Foto der linke Gebäudeteil) wurde eine Wohnanlage für Senioren

und sie waren am Pionierhaus. Es war im Dezember 1951 eröffnet worden und bot neben Veranstaltungen in einem Minisaal vor allem Arbeitsgemeinschaften mit vielfältigen Themen eine Heimat. Heute befindet sich hier, schließlich sind die einstigen Kinder ins Alter gekommen, eine Wohnmöglichkeit für Senioren.

Die „Concordia" erlebte eine wechselvolle Geschichte mit unterschiedlichster Nutzung, hier als Jugendklubhaus

Im Juni 2019 erfolgte der Abbruch der „Concordia

An der Stelle der „Concordia" steht seit Ende 2020 ein Neubau

Im Zusammenhang mit der Verlegung einer Gasleitung sind in der Lindenallee für zahlreiche Bäume die Standorte verloren gegangen

Ein Ring aus Bäumen

Nicht nur eine Siedlung in ihrer Gesamtheit hat ihre Geschichte, sogar Straßen haben eine solche. Begibt man sich auf Spurensuche, gibt es Wissenswertes, Vergessenes, mitunter sogar Geheimnisvolles zu entdecken. Ein Beispiel dafür gibt der Arnstädter Lindenring, der sich, ganz ähnlich wie ein Ring, um die Stadt zieht und letztlich in die Deutsche Alleenstraße übergeht. Der Ehrlichkeit halber: Der Grünzug mit vielfachen Funktionen für das Stadtklima hat vereinzelt ein paar Gastbäume, also keine Linden. Das hängt mit der Entwicklung zusammen. Einst waren auch Pappeln vertreten und partiell findet der aufmerksame Beobachter manchen Ahorn. Vor allem aber sind es Linden, die den Innenstadtsaum bilden. Diese wurden von unseren Vorfahren über Jahrhunderte, nicht nur in Arnstadt, hoch verehrt. Es gibt kaum einen deutschen Ort, der sich nicht mit diesem „Prunkbaum" schmückt. Mitte des 19. Jahrhunderts entwickelte sich geradezu ein Drang zum Pflanzen von Linden. Dies erfolgte gerne an bedeutsamen Magistralen und Flaniermeilen. Oft wurde das begleitende Grün gar mehrreihig gepflanzt. Bestes Beispiel ist Berlin mit seiner Prachtstraße „Unter den Linden".
Wer in alten Schriften blättert, die Arnstadt bekannt machen wollten, findet neben Begriffen wie: „Tor zum Thüringer Wald" oder dem Verweis auf zahlreiche Brunnen auch die Formulierung „Stadt der Linden". Diese findet der Besucher In der Tat nicht nur am „Ring", sondern auch in den angrenzenden Straßen, beispielsweise zum Hauptbahnhof und auf dessen Vorplatz, an der Nahtstelle zwischen Holz- und Kohlenmarkt, auf dem Marktplatz, am Riedplatz und an der Bachkirche. Hier erfolgte die erste Pflanzung um 1756. Von dem längs der Bahnhofstraße angelegten beidseitigen „grünen Fingerzeig" ins Stadtzentrum bis in Höhe der Himmelfahrtskirche ist leider nichts übrig geblieben.
In einem bei den Recherchen zu diesem Buch geführten Gespräch

meinte jemand: „über viele Jahre hätte sich Arnstadt gut und gerne auch als Stadt der Schornsteine bezeichnen lassen können. Sie setzten deutliche Zeichen wirtschaftlicher Leistungskraft." Da ist durchaus etwas dran. Mehr dazu vielleicht ein andermal.

Für heute zurück zu den Bäumen. – Was haben die mit den einstigen Zeugnissen wirtschaftlichen Aufschwungs gemeinsam? Beides zeigt Wachstum und Wandel. Die ersten Ideen zu Pflanzung von Linden in bis dato unbekanntem Umfang entstanden zu einem Zeitpunkt, als es in Arnstadt einen bedeutsamen Entwicklungsschub gegeben hat. In dem landwirtschaftlich und von handwerklichem Können geprägten Städtchen begann der Puls wirtschaftlicher Entwicklung zu schlagen. Es ist ein Beispiel dafür, dass sich Wirtschaft und die Berücksichtigung ökologischer Notwendigkeiten einander nicht ausschließen müssen.

Dieser Blick von „Vor dem Riedtor" auf die Marlitt-Villa ist nur im Winterhalbjahr möglich, sonst verbirgt sich aus dieser Sicht das Haus hinter dem Grün der Bäume

Unsichtbares am Lindenring

Auch wenn Zahlen schlecht zu merken und in starker Häufung eher verwirrend sind, einige seien erlaubt. Zwischen 1830 und 1900 gab es in Arnstadt einen Industrialisierungs-Schub:1836 Gründung des Gewerbevereins, ab 1844 gibt es eine Gewerbeordnung, um 1850 beginnt Arnstadt als Kur- und Sol-Bad zu werben. Die Gäste sollten auch Flaniermeilen nutzen können.

Aus dem was schrittweise von einer Grünplanung zum Erlebbaren geworden ist, kann Arnstadt noch heute kleinklimatischen Nutzen ziehen. Dass in Teilen dieser Allen an heißen Tagen die Temperatur wohltuend um gut 10 Grad niedriger als in der übrigen Stadt ist, ist nur ein Vorteil.

Um 1892 wurde die Wilde Weiße reguliert und zeitnah die Uferstraße (heutige Lessingstraße) mit Linden bepflanzt. Die Wachsenburg-Allee bekam in ihrem Anfangsbereich an der Schule / Rosenstraße sogar fünfreihig Linden. In Resten ist die damalige Struktur noch heute zu erkennen, auch wenn Eingriffe durch Straßenbau und Neubau des Marienstifts in unmittelbarer Nähe zur Turnvater-Jahn-Straße erfolgt sind. Zeitweise bestimmten u.a. in diesem Abschnitt des Arnstädter Baumrings auch Pappeln das Bild. Das belegen historische Fotos. Sie schufen eine klare Linie zwischen dem Lauf der Wilden Weiße und der Wachsenburgallee, bildeten Dank ihres

Lange Jahre war in der Marlittstraße noch ein Beleg dafür zu finden, dass hier 1945 über Nacht russische Panjepferde festgezurrt wurden, die bei „dienstfrei" tagsüber auf den Gerawiesen weideten

schnellen Wachstums rasch eine grüne Abgrenzung. Später erkannte man auch ihre Nachteile – hohe Bruchgefahr.
Sogenannte Frischluftkorridore transportieren vor allem aus dem Plaueschen Grund und dem Südwesten frische Lauft aus dem Umland nach Arnstadt. Kluge Werbung für Kuren führten dazu, dass bis ins ferne Berlin Ärzte ihren Patienten den Aufenthalt in Arnstadt empfohlen haben. Vor allem im Süden der Stadt entwickelte sich ein Bade- und Kurbetrieb. Dazu gehörten zum Flanieren einladende begrünte Straßenzüge und Bauten mit einem Hauch Bäderarchitektur, umsäumt von viel Grün. Lohmühlenweg, Karolinenstraße, Reste der Lindenallee und vor allem die Marlittstraße künden noch heute davon. Deren Baumentwicklung lässt sich gut mit historischen Fotos belegen. Im Jahr 1871 hat Frederike Henriette Eugenie John – vielen besser als die Schriftstellerin Marlitt bekannt – ihr dortiges Haus bezogen. Auf ersten Fotos ist die Baumreihe noch recht jung, später zeugen Schnittmaßnahmen von Eingriffen. Inzwischen gibt es nicht nur altersbedingte Ausfälle. Gleichzeitig ist das Bemühen zu erkennen, diese Allee für die Gegenwart und die nachfolgenden Generationen zu erhalten.

Die Marlittstraße ist mit ihren Linden in die Jahre gekommen. Vertreterinnen und Vertreter des Stadtrates beraten gemeinsam mit Partnern über den Erhalt dieser grünen Ader, ein Teil vom Arnstädter Lindenring

Von der Marlittstraße aus gibt es zwei bequeme Zugangsmöglichkeiten zum Stadtwald, der ein extra Thema sein könnte und in Zeitdokumenten auch unter dem Begriff „Alteburg-Anlage" auftaucht. Diese wurde um 1880 geschaffen und zwar unter maßgeblicher Beteiligung von Julius Hülsemann, der zunächst Bürgermeister und von 1871 bis 1888 Oberbürgermeister Arnstadts gewesen ist. In dem Wäldchen sorgte die Firma Renger, vielen wohl als „Fahrzeugrenger" bekannt, für einen „Schirm" aus Metall. Dieser sollte Waldbesuchern bei plötzlich einsetzendem Regen Schutz bieten oder lud zum Verweilen ein.

Ebenfalls um die Jahrhundertwende ließ Hülsemann die kargen Flächen auf der Alteburg-Höhe nach Empfehlungen von Beratern mit Pioniergehölzen* bepflanzen. Sie machten das Areal um Schneckchen und Kreuzchen zu einem noch heute wertvollen Erholungsgebiet. Später wurden Laubbäume, Weymouths- und Bergkiefern sowie Douglasien gepflanzt.

Empfehlung mit Bestand

Weit vor den berechtigt Schlagzeilen liefernden Buchtiteln wie „Waldbaden" von Esther Winter (Christian Verlag GmbH München) und Peter Wohllebens „Das geheime Netzwerk der Natur (Ludwig Verlag München) gaben Arnstädter Ärzte bei entsprechender Erkrankung ihren Patienten den gut gemeinten Rat: Gehen sie auf am Höhenzug Alteburg spazieren, statt vorschnell zu schweren Medikamenten zu greifen.

Wenn die Standfestigkeit nicht mehr gegeben ist, bleibt nur die Fällung – Pflicht ist eine Neupflanzung, hier ein Baumrest in der Marlittstraße

Inzwischen sind viele unserer Bäume, ja ganze Waldbereiche zu Patienten geworden. Die Ursachen sind mannigfach. Dies machen besonders klimatische Veränderungen und ihren Folgen sowie Schädlingsbefall unübersehbar. Trockenstress führt nicht nur zu verfrühtem Laubfall, ganze Kronen werden kahl, Äste stürzen, wie abgesprengt, unvermittelt herab.

Auch Gedankenlosigkeit, Unverständnis für den Wert von Bäumen, gar mutwillige Zerstörung hinterlassen im Stadtgebiet ihre Spuren. Wildes Parken, missbräuchliche Nutzung von Baumstandorten bei Grobmüllsammlungen und Schädigungen bei Bauarbeiten führen zu bösen Wunden.

Weit mehr ist beim Bummel am Lindenring zu erfahren. Baumlücken und wechselndes Alter künden von

Linde – Neupflanzung in der Marlittstraße

so manchem Leid. Solches wurde ihnen im Zweiten Weltkrieg und in den strengen Nachkriegswintern zugefügt. In hoher menschlicher Not wurden Bäume gefällt, um zumindest einen Hauch Wärme in die eisig kalten Wohnungen zu bringen. Nach dem Krieg haben sich die Arnstädter schnell besonnen: Neue Linden wurden gepflanzt. Zeugnisse dafür gibt es u.a. am Wollmarkt und im Schlossgarten, von vielen auch Stadtpark genannt.

Jahre später folgten neue Eingriffe. Nicht Not war diesmal der Auslöser. Vielmehr ging es darum, modernes Leben zu gewährleisten. Anschwellende Verkehrsströme sowie die Verlegung von diversen Versorgungsleitungen forderten neue Verluste. Beispiele dafür sind die Lindenallee und die Bahnhofstraße zwischen der Kreuzung Dammweg/Wachsenburgallee und der Himmelfahrtskirche.

Auf dem Weg vom Hauptbahnhof , der Eintrittspforte zur Stadt, sollten die Sauerstoff erzeugenden Bäume dem Gast auf besondere Weise ein „Willkommen" signalisieren. Schon beim Verlassen des Bahnhofs gaben Bäume in Richtung Stadtzentrum eine Visitenkarte der besonderen Art ab. Noch heute liefern die Straßen im Bahnhofsviertel dafür einen Beleg. Wo Eingriffe notwendig geworden sind, gab es auch die Bereitschaft, die grünen Gedanken der Vorfahren wieder aufzunehmen. Ein Beispiel ist die Thomas-Mann-Straße. Bei Baumfällungen wegen „Fahrbahnertüchtigung" und Erneuerung von Versorgungsleitungen in der Aufbruchszeit nach 1990, kam es zu zum Teil heftigen Auseinandersetzungen, die sich bis in den Stadtrat fortpflanzten. Letztlich wurde im Miteinander zwischen Stadtverwaltung, Stadtrat, Interessengemeinschaft Stadtökologie der Grünen Liga, Bewohnern und beteiligten Firmen eine Lösung gefunden, die heute wieder einen begrünten Straßenzug darstellt, Beispiel für andere Straßen der Stadt sein kann.

Linden gibt es in zahlreichen Straßen, auf dem Riedplatz (Foto) und an anderen Plätzen

Blick in die Wachsenburgallee

Verlorener Geruch von Leder

Die Fabrikgebäude gibt es noch, Handschuhe auch. Soweit ein Teil der Wahrheit. Aber: Produktionsstätten sind verwaist und die Handschuhe haben meist eine weite Reise hinter sich, ehe sie unsere Hände umhüllen. Eine intensive Spurensuche nach Arnstädter Handschuhgeschichte ist erforderlich. Sie lohnt. Wer diesen Text liest, wird vielleicht staunen, was alles zu erfahren ist. Beim Stadtbummel verschweigen die Mauern, was einst in diesen Häusern geschah. Manche sind unscheinbar, lassen, gemessen an den heutigen Vorstellungen von einer Fabrik, kaum vermuten, dass hier einst Arbeiterinnen und Arbeiter ein und aus gegangen sind. Am Pfarrhof steht ein prächtiges Fachwerk. – Ein Schild verrät: Stadthotel. Da wurden mal Handschuhe gefertigt? Eindeutiger ist ein stattlicher Bau in der Rosenstraße 19-21. Nach dem Durchschreiten eines aufwendig gestalteten großen Tores fällt der Blick auf viele Gebäude unterschiedlicher Baustile. Beim Verweilen vor Ort ist eindrucksvoll, wer sich heute alles eingemietet hat. Andererseits sind Leerstände unübersehbar. Auch Freiflächen stechen ins Auge. Da muss mal mehr gestanden haben, so die Schlussfolgerung.

Arbeiterin wird in der manuellen Bearbeitung von Leder unterwiesen, Foto: Stadt- u. Kreisarchiv

Arnstadts Geschichte heißt uns an dieser Stelle am 03.11.1848 willkommen. Für das bis dahin vor allem landwirtschaftlich und durch zahlreiche Handwerke geprägte Städtchen hat zaghaft gerade die Industrialisierung begonnen. Bei der Ansiedlung des von uns gesuchten Unternehmens, nannte sich die spätere Rosenstraße noch Große Rosengasse.

Blick in einen Nähsaal der Handschuhfabrik Liebmann und Kiesewetter um1898, Foto: Archiv Schloßmuseum Arnstadt

Mit Firmengründungen ist es kaum anders wie bei der Geburt eines Menschen – keiner weiß, was alles bevor steht. Gut so! Die „Eltern" sind in diesem Fall die Herren Ernst Kiesewetter und Reinhold Liebmann. Für einige Jahre galt deren Handschuhfabrik als größter Betrieb Arnstadts. Die Firma besaß eine eigene Gerberei und Färberei. 1888 wurden etwa 1.000 Menschen beschäftigt. Sie fertigten im Jahr rund eine halbe Million Handschuhe. Diese erfuhren wegen ihrer Qualität weit über Arnstadt hinaus Wertschätzung.

Mehr noch, der Zuzug von Arbeitskräften aus dem Umland hat mit dazu beigetragen, dass Arnstadt zu wachsen begann. Die Firmengeschichte hat vieles gemeinsam mit Entwicklungen, die wir auch aus anderen Teilen Deutschlands kennen. Nicht immer herrschten Freude und Sonnenschein. Es gab nachvollziehbare

Lohnkämpfe, wirtschaftliche Dürrezeiten, Veränderungen bei den Besitzverhältnissen. Nachdem Ernst Kiesewetter sen. 1886 gestorben ist, war ab 1895 Moritz Liebmann jun. der Chef.
Junge Kräfte bringen in aller Regel neue Ideen mit, technische Weiterentwicklungen kommen ihnen entgegen. Im Jahr 1913 wurde ein großer Dampfkessel installiert. Weitere Neuerungen folgten. Wieder wechselten Höhen und Tiefen einander ab. Besonders hart waren die Einschnitte in den 1940er Jahren.
Bei Studien im Archiv stößt der aufmerksame „Stöberer" auf einen weiteren Mann namens Walter Liebmann. Allerdings wird inzwischen das Jahr 1945 geschrieben. Sollte es Zusammenhänge geben? Ganz offensichtlich, denn aus diesem Jahr ist ein Brief mit entsprechender Unterschrift[*3] erhalten. Dazu später.

Privat mit US-Truppen im Gespräch

Jener Liebmann gehörte zu denen, die in den Apriltagen des Jahres 1945 nicht zögerten, etwas zu tun, um Arnstadt vor militärischer Zerstörung zu bewahren. Genannt werden in diesem Zusammenhang die Burgfrau Cläre Werner (Wachsenburg), der Pfarrer Karl-Heinz Lämmerhirt von Holzhausen, und eben jener Unternehmer.
In dessen Aufzeichnungen ist zu lesen: „Eines Tages, es war wohl der 8. 4. 45, hieß es, dass das nur 20 km entfernte Gotha bereits von den Amerikanern besetzt sei. Ich beschloss, auf eigene Faust Verbindung zu den Amerikanern aufzunehmen. …Auf dem Weg nach Holzhausen traf ich keinen Menschen. Es war ein herrlicher Frühlingsmorgen… In Holzhausen erfuhr ich, dass die feindlichen Geschütze am Weg nach Röhrensee stehen, kaum 2 km entfernt…"
Hinter dem westlichen Dorfausgang begann Liebmann sein Fahrrad bergan zu schieben. Ungewissheit mit sich tragend, blickte er aufmerksam nach rechts und links. Bald war die für kurze Zeit

verdeckte Wachsenburg wieder zu sehen und weiter im Westen kamen die zwei anderen Gleichen in Sicht. Plötzlich, abseits der Straße, Geschütze. Die waren es wohl, die Arnstadt unter Feuer genommen hatten. Liebmann fasste allen Mut zusammen, schritt auf die Amerikaner zu. Der Arnstädter notierte später: „Ich bat, mich zum Kommandanten zu führen… Der Stab lag in einem Haus links der Straße nach dem Truppenübungsplatz Ohrdruf. Ich wurde freundlich empfangen und über alles Mögliche ausgefragt, wobei ich betonte, dass ich als Privatperson käme, um meine Vaterstadt vor sinnloser Zerstörung zu bewahren…"*3
Unser Zeitzeuge radelte nach dem Vortragen seiner Anliegen ungestört nach Arnstadt zurück. Unterwegs hatte er „das Gefühl, eine gute Tat vollbracht zu haben."
Ernüchternd war seine Ankunft in dem Städtchen, das er bewahren wollte. In der westlich aus der Stadt führenden Straße sind ihm Zivilisten mit Gewehr aufgefallen – Volkssturm! Sie schlichen längs der Häuser zum Rand der Stadt. Gutes bedeutete das nicht.
Ja, das Umsetzen selbst der besten Ideen hängt immer auch vom Tun anderer ab. Weitere Bemühungen schlugen ebenfalls fehl. So kam, was kommen musste, Arnstadt wurde im Kampf genommen. – Und doch, Schlimmstes blieb der Stadt erspart, die Amerikaner rückten ein und nach wenigen Monaten wieder ab. Ab Juli galt es, sich auf eine andere Besatzungsmacht einzustellen, die Russen kamen.

Am Pranger

Mit den üblichen Nachkriegsschwierigkeiten ist die Produktion angelaufen. Bisherige und Neukunden fanden sich ein. Zu letzteren gehörten die „Kontrolloffiziere" der Besatzungsmacht eher nicht. Wohl nirgendwo, wo sie auftauchten, herrschte unbedingt Freude. Von deren Besuchen berichteten auch Handwerker, Ge-

schäftsleute und diverse Inhaber von Firmen. Diese Kontrollen waren angeordnetes Recht und der Wahrheit halber, so sagten viele, haben sie auch dafür gesorgt, dass Probleme überwunden werden konnten. Verstöße gegen geltende Bestimmungen wurden aufgedeckt. Es gab aber auch beiderseitige Irritationen, Falschauslegungen, überzogenen Forderungen, Anschuldigungen und Bestrafungen.
Im April 1946 war es erneut soweit, sie schwärmten wieder aus, die Kontrolloffiziere – zum zigsten Mal. In mehreren Arnstädter Firmen stolperten sie über erzürnende Bestandsmeldungen, die nicht mit ihren Kontrollergebnissen in Einklang zu bringen waren. Beschuldigt wurden vier Leder- und Handschuhfabriken. In einem Schreiben an den Oberbürgermeister wird deren strenge Bestrafung gefordert und eine Strafhöhe von 150 Reichsmark je Unternehmen verlangt. Am Ende des Briefes heißt es: „Wir bitten die Strafbescheide und Bekanntmachung in der Zeitung veranlassen zu wollen und dann auftragsgemäß Major Nudelmann Bericht zu geben." [*4]

Die Verantwortlichen der genannten Firmen ließen die Beschuldigungen nicht auf sich sitzen, protestierten, versuchten richtig zu stellen. Offensichtlich untereinander abgestimmt, haben Arnstädter Handschuhproduzenten in Briefen an den Oberbürgermeister gebeten, die Strafbescheide zurückzunehmen. Davon zeugt ein Schreiben, das der Nachwelt erhalten geblieben ist. Der gleiche Unternehmer Liebmann, der auf seine Weise im April 1945 die Zerstörung der Stadt durch die Amerikaner verhindern wollte, kann zitiert werden: „…Ihre gestrige Strafverfügung muss auf einem Irrtum beruhen. Wir hatten am 8./4. dem Wirtschaftsamt unseren Vorrat für den zivilen Sektor zu melden… Der Herr Kontroll-Offizier hingegen wollte unseren Gesamtvorrat an Fertigware ermitteln (also einschließlich der Lieferungen für Reparationen usw. = 3.250 Paar). Wir bitten den Herrn Militär-Kommandanten auf dieses Missverständnis aufmerksam zu machen und die Rücknahme der Geldstrafe zu erwirken. Hochachtungsvoll Liebmann, Kiesewetter." [*5] Der Oberbürgermeister stand zwischen den Darstellungen der Kommandantur und denen der Arnstädter Unternehmer. Alles endete gut, zunächst für Jahre.

1954 erfolgte die Enteignung der Fabrik. Sie wurde ein Volkseigener Betrieb. Längst wurden nicht mehr alle Produktionsräume benötigt. Untermieter zogen ein, die mit ihrer Fertigung an anderen Stellen der Stadt aus allen Nähten platzten oder keine andere Bleibe fanden: mehrere kleine artfremde Produktionsstätten, u.a. die Kabelformerei des VEB Fernmeldewerk, ein Lager der Deutschen Handelszentrale Lebensmittel (DHZ) und eine Abteilung des späteren VEB NARVA-Glimmstarterwerks waren vorübergehend Gast. In der Zeit ärgster Wohnraumnot existierten sogar Wohnungen in einstigen Betriebsräumen.

Da wohnten nicht nur Pfarrer

Jetzt zurück zu den Produktionsstätten am Pfarrhof. Hier gründete am 11. Juli 1864 Julius Möller seine erste Handschuhfabrik (Pfarrhof 1). Wenige Personen fertigten Glace- und Waschlederhandschuhe. Zudem existierte eine weitere Fertigungsstätte (An der Weiße). Nach einer Produktionsausweitung (1866, Erfurter Straße 15) und Präsentation edler Handschuhe zur Leipziger Messe, wuchs der Kundenkreis bis ins Ausland. Wieder wurde eine Ausweitung der Fertigung erforderlich und es kam zum Umzug, hin zur einstigen Wiege des Unternehmens am Pfarrhof. Unterschiedliche Entwicklungen reihten sich wie Fieberkurven aneinander. Letztlich folgten ein Neubau sowie die Einbeziehung des nahen „Steinernen Hauses" in der Kohlgasse.
1905 Erbfolge: Die Söhne August Carl, Rudolph Ernst Max und Paul Julius übernahmen die Geschäfte. 1906 nannte sich das Ganze „Offene Handelsgesellschaft Arnstädter Handschuhfab-

rik Julius Möller". Diese Handschuhfabrik hatte 1913/14 um die 600 Beschäftigte, davon viele in Heimarbeit. Für die zwischenzeitlich gegründete Aktiengesellschaft gab es, eingebettet in die Geschichte, auch eher trübe Stunden. Kaum ein Betrieb wurde nicht in die Produktion für den Endsieg eingebunden – neben Bestellungen von Behörden, Deutscher Reichsbahn und Reichspost folgten Großaufträge der Wehrmacht.

Radikale Umstellungen folgten 1945. Ein Befehl lautete: Arbeitsbekleidung und Arbeitshandschuhe!
Ab 01.07.1958 firmierte die AG unter staatl. Beteiligung* als „Julius Möller KG Handschuhfabrik und Bekleidungswerk". Geführt wurde der Betrieb bis 1972 von Carl-Heinz Cramer, Urenkel des Firmengründers. Nach der Vollverstaatlichung wechselte erneut der Name: „VEB Bekleidungs- und Lederhandschuhfabrik Arnstadt". Die Produktion lief gut, Produkte gingen in den Export und als besonders begehrte Ware in die Exquisit-Geschäfte* der DDR. Mit Stolz verwiesen die Beschäftigten darauf, sie seien Alleinhersteller für Spezialsporthandschuhe bis hin zu Fechthandschuhen und Handschuhen für Mattenspringer. Ab 1968 kamen Teile der Ausstattung für die Olympiamannschaften der DDR (Winter und Sommer) aus Arnstadt.

Ein inhaltsschweres Paket

1976/1977 schwappte eine Welle volkswirtschaftlich umstrittener Lenkungsbemühungen erneut bis Arnstadt. Es kam zur Vereinigung mit anderen Betrieben zum „VEB Arnstädter Handschuhfabrik". In dem „Paket" das zum 01. Januar 1977 seinen Inhalt präsentierte, gehörten: VEB Bekleidungs- und Handschuhfabrik Arnstadt am Pfarrhof; VEB Lederbekleidung und Lederhandschuhe Freiberg, Werk 9, Rosenstraße, Arnstadt; VEB Modehandschuhe Arnstadt, Riedmauer. An den Firmengebäuden Rosenstraße erfolgten umfangreiche Um-

und Ausbauten und neue Technik wurde installiert. Für artfremde Gäste blieb in der Rosenstraße kein Platz.
Im Jahr 1988 arbeiteten allein hier 420 Beschäftigte. In Heimarbeit bekamen 50 weitere Frauen Arbeit, Lohn und Wertschätzung. Die Produktionspalette erreichte die wohl breiteste Vielfalt seit Aufnahme der Arnstädter Handschuhfabrikation überhaupt. Zum Sortiment gehörten: Straßenlederhandschuhe für Damen und Herren, diverse Sporthandschuhe (u.a. Ball-, Schieß-, Reit-, Fecht- ,Degen- und Säbelhandschuhe, Rennschlittenhandschuhe, Bremserhandschuhe für Radrennfahrer, ja sogar Wärmehandschuhe für Wintersport-Schiedsrichter), Arbeitsschutzhandschuhe sowie Oberbekleidung für den „Exquisit".
Im April 1979 vermeldete die DDR-Nachrichtenagentur ADN, dass die Arnstädter Handschuhmacher „an der Ausstattung der Olympioniken für 1980 beteiligt" seien. Grund für die Entscheidung sei die

Um 1980: Einziehen des Futters in einen Handschuh

*Lehrlingsausbildung in der Arnstädter Handschuhfabrik
in den 1980er-Jahren*

gute Qualität der Erzeugnisse aus dem Arnstädter Betrieb. Anfangs der 1980er Jahre wurde in Arnstadt der kombinierte Sprung-, Lauf- und Abfahrtshandschuh für Wintersportler entwickelt. Maßgeblichen Anteil an der Modellgestaltung hatte Wolfgang Andreß.
In Arnstadt einen hier gefertigten Damen- oder Herren - Handschuh zu bekommen, war mit Glück verbunden. – Zu groß war der Export in diverse Länder.
Als die Frauen und Männer 1988 stolz auf eine 140 Jahre währende Tradition der Handschuhfertigung in Arnstadt blicken konnten, sie lieferten nun pro Jahr eine Million Handschuhe, lagen vor ihnen nicht nur die neuesten marineblauen Handschuhe der DDR-Olympiamannschaft, sondern auch eine scheinbar ungetrübte Zukunft.

Es kam anders. Im Jahr 1990 erfolgte die Schließung des Betriebes – ein Baustein Arnstädter Entwicklung wurde Geschichte.

Rosenstraße Ansicht der ehemaligen Handschuhfabrik. Der schmale helle Klinkerbau täuscht, nach dem Durchschreiten des Tores offenbart sich dem Besucher noch heute die einstige Größe des Betriebsgeländes

Historischer Industriebau im Innenhof der einstigen Handschuhfabrik

*Hotel "Stadthaus" am Pfarrhof, Stammhaus einer
Arnstädter Handschuhfabrik*

Lichtstrahl der Erinnerung

Sie wurden wiederholt mit Leipziger Messegold ausgezeichnet und in Ländern unterschiedlicher Klimazonen verbreiteten sie ihren Schein – die Taschenlampen aus Arnstadt. Es gab kaum einen Einwohner der DDR, der nicht irgendwann bei Dunkelheit nach einem Lichtspender aus dem VEB Taschenlampenwerk ARTAS gegriffen hat. Rund 30 verschiedene „Taschen- und Zweck-

Firmenansicht um 1936

leuchten", so die offizielle Bezeichnung, wurden hier gefertigt. Eingegliedert in das Kombinat NARVA* war der Betrieb ausgangs der Stadtilmer Straße in den letzten Jahren der DDR quasi der einzige Hersteller dieser nützlichen Helfer. Pro Jahr wurden etwa 5 Millionen Stück gefertigt. Und damit war die Produktionspalette bei weitem noch nicht komplett. Auch die schwarz-weiß gestreiften „Zauberstäbe", mit denen Regulierungsposten von Polizei und Armee auf Kreuzungen dafür sorgten, die Fahrzeugströme in die gewünschten Richtungen zu dirigieren, kamen aus Arnstadt. Camper waren vor allem von den Campingleuchten begeistert. Abgewandelt von Taschenlampen gab es Miniventilatoren, sogar Gasanzünder. Wohl im Zusammenhang mit der Vorbereitung auf Katastrophen, welcher Art auch immer, erging eines Tages der staatliche Auftrag „Notfall-Leuchten" zu entwickeln. Recht schnell wurden diese bei den verschiedensten Behörden und Instanzen sowie auf Etagen von Verwaltungsgebäuden installiert. Mit einer speziellen Halterung an gut zugänglichen Stellen an der Wand befestigt, ließen sie ein gewisses Gefühl entstehen, „gewappnet zu sein". Potentielle Nutzer meinten: Hoffentlich brauchen wir die nie.

Bestrebt immer wieder Neues zu entwickeln, brachten Ingenieure / Konstrukteure und „Neuerer" zudem eine Mehrzweckleuchte auf den Markt. Es folgten eine Leselampen zur Nutzung im Auto und Strahler, um in Wohnräumen Lichtakzente zu setzen. Später ist die herkömmliche Glühbirne einer Halogenlichtquelle gewichen. All die Produkte hat der Markt dankbar angenommen – so gut, dass der Bedarf nicht gedeckt werden konnte. Da half auch die Aussage nicht, die der stellvertretende Betriebsdirektor, Frau Inge Schüler, im Frühherbst 1988 gegenüber der DDR-Nachrichtenagentur ADN getroffen hat: „Die Taschenlampenwerker haben ihre Aufgaben anteilig zum Jahresplan bislang mit über 85 Prozent erfüllt". Das Bemühen, mit Produktionssteigerung, Erhöhung der Effizienz und bestmöglicher Automatisierung der Fertigung auch in diesem Betrieb den Spagat zwischen Angebot und internationaler Nachfrage zu-

Signal-Taschenlampe aus den 1930er Jahren

mindest zu verringern, war groß. Diesem Ziel diente auch ein innerbetrieblicher Rationalisierungsmittelbau. ARTAS-Tüftler und außerbetriebliche Partner haben manch gute Lösung auf den Weg gebracht.

Trotzdem, genug Handarbeit ist geblieben. Bei allem Fortschritt, gelegentlich konnte man sich bei einzelnen Betriebsabläufen nicht des Eindrucks erwehren: So haben sie also damals Taschenlampen hergestellt. Anlass dazu gaben nicht nur die Leuchten, die von der Form her bewusst, quasi der Tradition verpflichtet, an die Betriebsgeschichte erinnerten. Zu diesen gehörten die Stablampen in ihrer charakteristischen Form und in diversen Längen. Bei den mehrfarbig Licht verbreitenden Signallampen verspürte man ebenso einen Hauch Historie. Letztere waren wohl gar ein Überbleibsel der Produktion des Zweiten Weltkrieges.

Der schwere Abschied von „Daimon"

Nach dem Zweiten Weltkrieg stand am Anfang ein von der amerikanischen Besatzungsmacht angebrachtes Schild, das den Betrieb, weil mit englischem Kapital verquickt, unter einen besonderen Schutz stellte. Zudem hieß es in einem Brief der Geschäftsleitung an die Stadtverwaltung vom 04. Juni 1945*, man habe für 6 Monate Rohmaterial. In der ursprünglich von der Besatzungsmacht geforderten Bestandsaufnahme wird ferner mitgeteilt, der Betrieb sei völlig unbeschädigt und man verfüge noch über 150.000 bis 200.000 Hülsen sowie 1 Million Glühlampen. Zaghaft wurde die alte Produktion wieder in Gang gesetzt. Taschenlampen von einst

1945 wurde das Werk unmittelbar nach dem Einmarsch der Amerikaner als unter Schutz stehend gekennzeichnet

wecken heute beim Betrachten ein „Aha, interessant!".

Die DDR hat schon lange bestanden, da antworteten Betriebsangehörige auf die Frage: Wo arbeit'sten du? mit „No, bei der Daimon".

„Daimon" war, wie man so zu sagen pflegt, ein eingefleischter Begriff. Später als manch anderer Betrieb wurde er zum VEB*. Wer sich für die Gründe interessierte, konnte mit zurückhaltender Stimme erfahren: Da steckt britisches Kapital dahinter. Mehr blieb unausgesprochen…

Die Produktion nach dem Krieg begann mit dem Abwägen von Möglichkeiten zwischen Materiallage und Bedarf. Zu den ersten Produkten gehörte diese Fahrradbeleuchtung, so wie sie Bereits in den 1930er Jahren entwickelt worden ist.

Eines Tages leitete Daimon-West einen Markennamen-Streit ein. Die kostengünstigste Entscheidung: ARTAS – Arnstädter Taschenlampen, so die Bezeichnung ab 1959.

Die Wiege für den ursprünglichen Betrieb stand in Berlin. Begründer des Unternehmens war die Elektrotechnische Firma Paul Schmidt & Co, die als deutschlandweit erster Hersteller von Trockenbatterien eine ideale Voraussetzung für die Fertigung von Taschenlampen mitbrachte. Ab der ersten Hälfte des 20. Jahrhunderts erfolgte weit über Berlin hinaus,eine stürmische Entwicklung – deutschlandweit verteilt. Auch Arnstadt, genauer gesagt, ein Gelände in der Stadtilmer Straße wurde als Standort interessant. Ein Betrieb existierte ab 1922 sogar im tschechischen Decin*. Später firmierte jenes Werk nach Anfechtungen seitens Daimon/BRD als „Daymoon" – anders und doch ähnlich. In Arnstadt wusste man übrigens zu diesem Zeitpunkt nichts von diesem „Schwesterbetrieb".

Manch Arnstadt-Kenner wird nun einwerfen: Teile der Liegenschaft müssen aber älter sein. Richtig! Der Grundstein liegt weit vor „unserer Zeit". An dieser Stelle nur soviel: Ursprünglich wurden in der Stadtilmer Straße 39 Schläuche gefertigt. Schließlich begann 1919 ein Unternehmen aus Eisenach eine Stapelfaserfabrik einzurichten. Spinnen und Weben von Kunstseide artigen Produkten lautete das Produktionsprogramm damals. Wohl auch die Weltwirtschaftskrise führte zum Konkurs. Die Stadtverwaltung, damals ein maßgeblicher Mitgläubiger der VISKOSE AG Arnstadt, zögerte nicht lange als die Elektrotechnische Fabrik Schmidt & Co ein Auge auf die Immobilie richtete. Am 27.05.1936 erfolgte der entsprechende Eintrag in das Grundbuch.

Nach dem Besitzerwechsel wurde ein Teil der Gebäude abgebrochen und durch neue ergänzt. Im Dezember 1936 arbeiteten hier bereits 150 Menschen. Zwei Jahre später hatte sich die Belegschaft auf rund 550 erhöht. Die große Mehrheit waren Frauen.

Die Produktion bei Daimon war durchaus körperlich belastend, wie diese Aufnahme aus dem Jahr 1959 belegt. An sogenannten „Schleifböcken" hat Otto Kummer einen Reflektor nach dem anderen geschliffen und poliert, Foto: Stadt- und Kreisarchiv

Was bei Schmidt & Co den Ausschlag für Arnstadt als Standort gab, mag mannigfaltig sein. Ein Grund war wohl die Nähe des Thüringer Waldes, in dem sich eine inzwischen geschätzte Fähigkeit entwickelt hatte: Fertigung von Produkten aus Glas. Gewichtig war zudem, dass Thüringen als „Armenhaus Deutschlands" galt. – Es gab genug billige Arbeitskräfte. Von Bedeutung war wohl auch die Lage der Stadt an der Eisenbahnverbindung Berlin-Stuttgart.

Von Anfang an wurden in dem jungen Arnstädter Betrieb Glühlampen produziert, vom Volksmund auch „Birnen" genannt. Diese Fertigung ist erst in den 1950er Jahren ausgelagert worden.
Zum ursprünglichen Sortiment gehörten Fahrradlampen und Lampen für die zunehmend in Schwung kommende Produktion von Rundfunkgeräten sowie Taschenlampenhülsen und

Mechanisierte Montage von Reflektoren für Stablampen im Jahr 1988. Schrittweise wurden auch andere Fertigungsprozesse modernisiert

gebrauchsfertige Taschen- und Stablampen in der klassischen Form. Der für seine Zeit geniale Tüftler Paul Schmidt, der sich u.a. auch an Rundfunktechnik versuchte, hat sich 1938 Partner aus Großbritannien ins Boot geholt. Die Daimon-Werk Schmidt & Co wurden eine GmbH.

Arnstädter Taschenlampen hatten auch noch einen guten Namen, als ihr Strahl längst zu verblassen drohte. Frau R. Neubert erinnert sich. „Es muss um 1991 gewesen sein. Nachdem wir über Jahre unseren Wohnsitz in einem anderen Teil Deutschlands gehabt haben, zog es uns wieder in den Landkreis Arnstadt. Eines Tages fiel uns eine Werbefläche mit Taschenlampen auf und ich sagte ‚Lass uns doch mal in der Stadtilmer Straße anhalten'. Als Kriegskind (Jahrgang 1940) bin ich mit Taschenlampen groß geworden. Also klingelten wir an der Firmenpforte. Wir wurden freundlich begrüßt und auf unsere Nachfrage fielen einladende Worte".

Der Werksverkauf hatte inzwischen auch in diesem Betrieb Einzug gehalten. Die Laufkundschaft zeigte sich von der Breite des Angebots beeindruckt. Bei einer Lampe alleine blieb es nicht. Noch heute schwört Frau Neubert auf eine solche Taschenlampe als zuverlässigen Begleiter: „In jeder Tasche Platz findend und gut in der Hand liegend, habe ich sie stets bei mir. Man kann ja nie wissen…"

Eine Erinnerung ganz anderer Art hat Herr M. Reß. „Aus Kostengründen wurde die Betriebswache eingespart und ich übernahm als Angehöriger eines Wachdienstes die Aufgabe, ein Auge auf die Produktionsstätte ARTAS zu haben. Beim letzten Pförtner war ich geneigt, mich zu entschuldigen, dass ich ihn arbeitslos mache. Dieser zeigte mir ein paar besondere Örtlichkeiten und dann verabschiedeten wir uns. Von nun an hatte ich die Aufgabe, auch diesen Betrieb zu bestreifen. Einmal kam ich mit dem ins Gespräch, der aus dem ehemals anderen Teil Deutschlands kam und als Einstieg seine Fertigung von Tischstaubsaugern mitbrachte. Unter Brüdern und Schwestern müsse man sich schließlich helfen, so seine Worte. Die Hilfe währte nicht lange. – Schon bald wurde in der Slowakei gefertigt, da waren die Arbeitskräfte noch billiger."

Für Arnstadt geblieben sind der Name „ARTAS", ein betriebliches Mini-Erinnerungsmuseum mit vielen Erzeugnissen einer über 80jährigen Geschichte und Messeauszeichnungen. Produziert werden weiter Hand-Signallampen sowie Infrarot-Wärmestrahler für die Tieraufzucht. Diese, inzwischen weiterentwickelt, waren bereits in der DDR ein begehrtes, wenn auch in der Öffentlichkeit nicht so bekanntes Erzeugnis. Noch heute kommen diese nahezu europaweit zum Einsatz.

Allein an Inlandskunden gehen die Hand-Signallampen, beispielsweise an die Deutsche Bahn und je nach Erfolg bei Ausschreibungen auch an die Polizei. Zu dieser „mobilen Signaltechnik" gehören die schwarz-weißen Signalstäbe zur manuellen Verkehrsregulierung. Diese werden u.a. in Hamburg, Sachsen und Mecklenburg-Vorpommern genutzt. Auch sie sind inzwischen modernisiert, ausgerüstet mit LED und stärkerer Leuchtkraft. Gab es 1945 einen radikalen Bruch und ein schwieriges Beginnen, folgte nach den politischen Weichenstellungen 1989/90 lange Ungewissheit – trotz der bereits 1990 gegründeten ARTAS GmbH.

Interessenten an der Firma gab es mehrere. Alle bekamen kalte Füße. Drei gewichtige Gründe mögen den Ausschlag gegeben haben: Der Käufer hätte nur den Namen ARTAS mit den dazugehörigen Arbeitskräften und der vorhandenen, nicht mehr auf dem neuesten Stand befindlichen Technik erwerben können; Die Immobilie war, bislang kaum bemerkt, in den 1980er Jahren durch das in der BRD ansässige Stammhaus an die amerikanische „Duracell" vergeben worden; Bereits in den 1990er Jahren zeichnete sich ab, dass Taschenlampen inzwischen woanders so billig auf den Markt geworfen werden, dass Tradition keinen Wert mehr hat.

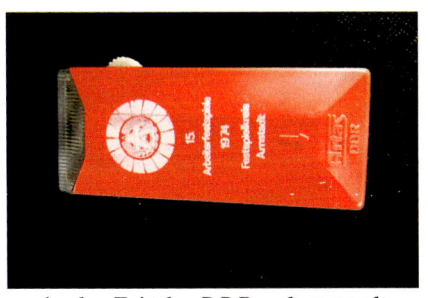

in der Zeit der DDR gab es auch zahlreiche Sonderanfertigungen, hier eine Minileuchte aus Anlass der 15. Arbeiterfestspiele (1974)

Im November 1993 erfolgte die Privatisierung dessen was von der einst so stolzen ARTAS geblieben war, verbunden mit einer der zahlreichen Treuhand-Geschichten. Wenn es keinen Investor gäbe, dann bleibe nur die Abwicklung, lautete die Botschaft! Gunnar Schlamann als Arnstädter wagte es, den einstigen VEB ARTAS zu erwerben.

Groß-Flächenwerbung aus den 1980er-Jahren in der Stadtilmer Straße am Giebel der heutigen „Rosenapotheke"

Olga Koch, auf dem Foto im Vordergrund, arbeitet auch 2020 noch bei der ARTAS. Unser Bild zeigt sie am Prüfplatz für Infrarot-Wärmestrahler, im Hintergrund Kerstin Trautmann und Margitta Köhler beim Verpacken.

Signalstäbe, inzwischen weiterentwickelt (hier im Musterzimmer), werden bei Bedarf auch in der Gegenwart hergestellt und finden Anerkennung, beispielsweise aus dem Freistaat Sachsen

Er erinnert sich: „Und dann saßen wir drei Vertreter am Tisch: Treuhand, ‚Duracell' und ich. Aber was sollte ich mit dem Namen, den noch verbliebenen Beschäftigten und einer Technik, die dem neuesten Stand bei weitem nicht entsprach, wenn ich nicht weiß wo ich produzieren kann? Am Ende entschloss ich mich, rund 10 Prozent der Immobilie des amerikanischen Tischnachbarn zu erwerben. So bekam ich in der Stadtilmer Straße 39 ein Standbein. Wir versuchten weiter auch Taschenlampen herzustellen. Immer wieder gab es nach zähen Gesprächen kleine Hoffnungen – Lieferungen an Baumärkte und gelegentliche Großabnehmer mit damals bekannten Namen. Ein Arbeitsbesuch im Baumarkt ‚Praktiker' wurde zum schmerzlichen Schlüsselerlebnis: Zu dem Preis wie hier Taschenlampen in den Handel gebracht wurden, konnte ich noch nicht einmal das Material einkaufen, von den Löhnen meiner Beschäftigten ganz zu schweigen".

In der Hoch-Zeit der DDR-Produktion beschäftigte die ARTAS 260 Menschen, zudem Heimarbeiter. Heute sind es in der Produktion noch 10 Beschäftigte, deren Arbeit weiter Wertschätzung erfährt.

Im Jahr 2016 konnte die ARTAS in aller Stille auf 80 Jahre Firmengeschichte zurückblicken. „Und 25 Jahre bin ich nun (2020) geschäftsführender Gesellschafter" sagt Gunnar Schlamann. – Zurecht signalisieren seine Augen bei diesen Worten eine Portion Stolz.

Beim Betrachten des Baus aus roten Ziegeln werden nicht nur Erinnerungen wach – auch ein Bogen, der sich in unsere Tage spannt, ist wahrzunehmen. Da wo früher produziert wurde, lädt heute eine Kunsthalle ein. In Parterre firmieren ein Küchenstudio und eine Schreinerei. An der anderen Stirnseite des einstigen Produktionsgebäudes ist im Februar 2019 eine Keramik-Werkstatt eingezogen. Der Blick gleitet über die Fassade, einige Fenster künden von Wohnungen.

Keramikwerkstatt mit Wohlgefühl

Wohl durchdacht, zweckmäßig gestaltet, klar in die Bereiche Werkstatt mit Töpferscheiben, den Arbeitsplatz für die Internet-Präsenz einen Muster- und Verkaufsbereich, Versand, den Standplatz für die Brennöfen und Lager unterteilt, stellt mir Inhaberin Tina Trautvetter ihr Reich vor. Was bei meinem Besuch im Juni 2020 noch auffällt: mustergültige Sauberkeit und Ordnung. Schade nur, über allem liegt die Ruhe der Corona-Pandemie.
Darauf und die damit verbundenen Auswirkungen angesprochen, sagt mir die für ihre Werkstatt aufgehende Frau: „Mein erstes Geschäftsjahr 2019 ist gut gelaufen. Im März, genau zum Beginn des neuen Töpferjahres, kam die Corona*. Das erste Werkstattfest wurde zum ‚Virus-Opfer'." Trotzdem, die Zuversicht ist ungebrochen. Das spricht für Tina Trautvetter, die ihre berufliche Ausbildung zur gestaltungstechnischen Assistentin für Grafik und Design in Halle erhalten hat. Das handwerkliche Können als Manufaktur-Porzellanmalerin erlernte sie in Nymphenburg bei München. Später trafen Können und Interesse an Neuem auf den

bekannten Zufall, der oft den weiteren Weg bestimmt. Den gab es in der Keramikwerkstatt des Ehepaars Madleen und Konrad Kröner. Nach interessiertem Umschauen rutschte der Besucherin die Frage heraus „Können sie noch jemanden gebrauchen?"
Schnell, überraschend und vielleicht auch etwas leicht dahingesagt, erwiderte Frau Kröner „Nein. Aber sie können das alles hier kaufen!".
Diese Antwort galt es zu verarbeiten. In weiteren Gesprächen erfuhr die nun schon potentielle Käuferin, dass die in Sachsen Anhalt verortete Werkstatt 1981 gegründet wurde. Im Jahr 1992 folgte ein ganz spezielles Dekor. Dann ging alles recht schnell: Firmenwert, Warenwert feststellen und sich einigen. Die Internetseite und Kunden wechselten auf vertraglicher Basis den Besitzer. Am 02. Februar 2019 öffnete die Töpferei Kröner in Arnstadt, Inhaberin Tina Trautvetter. Inzwischen scheint sie in die ehemaligen ARTAS-Produktionsräume geradezu etwas verliebt, hat ihnen mit so mancher Unterstützung ihre ganze persönliche Note gegeben.

Zu denen, die dem traditionsreichen Betriebsräumen neues Leben einhauchen gehört Tina Trautvetter, hier mit Ergebnissen ihrer Arbeit

Zum erhalten gebliebenen Kundenstamm kamen erfreulich viele neue Interessenten hinzu. Sendungen mit Fayence-Geschirr gehen inzwischen in beinahe alle Regionen Deutschlands. Die aktuell rund 20 Motive pflegen gestalterische Tradition und zeigen immer wiederkehrend lustige Tier- und Pflanzenmotive. Hinzu kommen Sonderanfertigungen, ehemalige Darstellungen, die auf die Keramik gebracht werden sowie andere Dekors auf besonderen Wunsch. Die Lieferbreite reicht von Tellern über Tassen und Vasen bis zu Türschildern und besonderen Klingelknöpfen. Ganz bedeutsam: Alles ist Handarbeit und bei dem Geschirr für den mal ganz anders gedeckten Tisch gibt es die Chance, auch noch nach Jahren passende Ergänzungen oder Ersatz zu finden. Die Garantie dafür: Es wird auf der Töpferscheibe immer nach gleichen Maßen gedreht.

Läuft alles normal, ist der Außentermin-Jahresplan von Tina Trautvetter prall gefüllt: Töpfermärkte in Naumburg, Jena, im Berliner Raum, in Erfurt und Ilmenau. Hinzu kommt der Verkauf im angegliederten Lädchen und über das Internet.

Mit Freude bereitet sich Frau Trautvetter zudem auf die zweimal im Jahr geplanten Werkstattfeste vor. Dann widmet sie sich gerne auch denen, vornehmlich Kindern, die sich selber mal an der Töpferscheibe versuchen wollen. Man kann ja nie wissen… Diese Höhepunkte sind nun schon zu wiederholten Mal ausgefallen

Seite aus dem aktuellen Katalog der Töpferei Kröner, angefüllt mit Arbeiten von Tina Trautvetter (Archiv Trautvetter)

Beeindruckt verlasse ich die Keramikwerkstatt mit Wohlgefühl. Die sich von Zeit zu Zeit meldende inneren Stimme meint: „So schließt sich der Kreis": In Arnstadt wurde im 17. Jahrhundert schon einmal Fayence-Geschirr gefertigt.

Im gleichen Gebäude findet der Besucher seit März 2002 die

Arnstädter Kunsthalle. Doch zunächst bedurfte es, wie so oft, des berühmten zündenden Funkens. Einen solchen ließ der aus Erfurt stammende Künstler Dorsten Klauke entstehen. Bald schon entwickelte sich daraus ein wahres Feuerwerk an Ideen. Funkensprühend waren nahezu zeitgleich auch zwei Vertreter der Baufirma Pro Wohn. Die Runde der zu einem Wagnis bereiten bekam rasch Zuwachs an Kunst interessierter Mitstreiterinnen und Mitstreiter. Im Mai 2001 konnte der Kunstverein Arnstadt e.V. gegründet werden. Rasch reifte die Idee, etwas zu schaffen, das Seinesgleichen sucht. Man wollte weder ein neues Museum, auch nicht nur eine Galerie, sondern eine Kunsthalle mit ungewohntem Umfeld.

Zu den entscheidenden Weichenstellern gehörte von Anfang an Ingo Budzich (Pro Wohn). Rasch waren sich die Beteiligten einig:

Neben Werkstätten und kleinen Unternehmen hat auch die Kunsthalle Arnstadt eine Heimat in ehemaligen Produktionsäumen der ARTAS gefunden

Da wo Kunst präsentiert wird, sollen Künstler sprichwörtlich auch zu Hause sein. Bei der Umsetzung der Ideen gab es weitere Zusammenarbeit von unschätzbarem Wert. Dazu gehörte nicht nur die bereits genannte Firma, sondern auch das Johannes-Falk-Projekt des Marienstifts Arnstadt und weitere. In der Offerte zur Popularisierung der Kunsthalle aus dem Jahr 2003 wird ein entscheidender Vorteil der neuen Begegnungsstätte benannt, nämlich „dass das Projekt in Arnstadt entstanden und nicht importiert worden ist". Eine Feststellung, die noch heute Bestand hat. Ja,

Blick in den Ausstellungsraum

und Dank macht sich breit für die, die bislang auf ihre Art den Engagierten geholfen haben: die Stadt Arnstadt, das Landratsamt, die Sparkasse Arnstadt-Ilmenau und regionale Sponsoren. Zuverlässiger Träger aller Aktivitäten ist noch immer der Kunstverein Arnstadt e.V.. Besonders verpflichtet fühlen sich die Organisatoren der Kunst aus einheimischen Quellen, um Künstlern Thüringens auf rund 400 m² eine gute Bühne zu geben. Deren Strahlkraft reicht längst bis nach Hessen, Bayern, Hamburg und Berlin. Mit ihrer räumlichen Ausdehnung empfiehlt sich die Kunsthalle zudem als Veranstaltungsort für diverse Veranstaltungen wie Seminare und Workshops – in aller Regel umrahmt von wechselnden Ausstellungen der Galerie. Man darf gespannt sein, welche national und international bestückten Veranstaltungen auch künftig in den roten Klinkerbau am Beginn der Angelhäuser Straße einladen werden.

Besucherin im Zwiesprache mit einer Arbeit der Künstlerin Clivia Bauer. Das Foto zeigt „Paradies jetzt" – Öl auf Leinwand. Mit wechselnden Ausstellungen hat sich die Kunsthalle über Arnstadt hinaus einen Namen gemacht. Das Foto entstand im „Herbstsalon 2020" kurz vor dessen Corona bedingter Schließung.

Blick nach vorn

Unterwegs zu weiteren Recherchen hinsichtlich Kunsthalle begleiteten mich im Herbst 2020 viele Fragezeichen. Neue, eigentlich erst ab dem nächsten Tag geltende Corona-Schutzbestimmungen, zudem noch in jedem Bundesland anders ausgelegt, haben Zweifel aufkommen lassen. Hat die Arnstädter Kunsthalle geöffnet? Werden Besucher da sein? Macht das überhaupt alles einen Sinn?
Vor Ort traf ich weniger Menschen als sonst. Ebenfalls zögerlich strebten sie zur Eingangstür. Sie drückten die Klinke, verschwanden im Treppenhaus. Mund-Nasen-Maske auf, folgte ich. Dorsten Klauke, der gute Geist der Kunsthalle, bestätigte: „Ja wir haben geöffnet. Eigentlich ist dieser Herbstsalon bis zum 31. Dezember 2020 zu sehen. Ab morgen aber ist alles wieder dicht.

Na und heute die paar Besucher, die verlaufen sich ja in der weiten Halle...".

Bestrebt, positiv zu denken, registrierte ich: Prima, beim Verweilen vor den Werken steht man sich wenigstens nicht gegenseitig im Weg. Aus unterschiedlichsten Abständen und Winkeln ließ ich die Kunstwerke auf mich wirken. Beim Nähertreten entdeckte ich bekannte Namen wie Gerd Mackensen, Jost Heyder und eben auch den des Hausherrn Dorsten Klauke, der gleich nebenan sein Atelier hat. Auch mir nicht so vertraute Künstlerpersönlichkeiten zeigten ihre Arbeiten. Die Vielfalt war beeindruckend: Skulpturen, surrealistische Malerei, abstrakte Landschaften, Akte, Porträts. Immer wieder Anlass zu verweilen. Ausgestelltes entfaltete Wirkung, löste Gedankengänge beim Betrachter aus. Ich erinnerte mich an Erlebnisse während

Gleich neben der Galerie hat der Maler Dorsten Klauke sein Atelier eingerichtet. Hier arbeitet er an einem Bild für seinen Zyklus „Tierporträts". Insgesamt zeigen seine Bilder eine breite Vielfalt – sie reicht von figürlichen Darstellungen über Landschaften bis hin zu Phantasiedarstellung mit einer Nähe zur Astrophysik. Gezeigt werden seine Arbeiten u.a. auch in einer Galerie in Hamburg-Duvenstedt.

großer Kunstausstellungen, bei denen ich mich, so nützlich sie auch mitunter sein mögen, von „Bild-Erklärern" zeitweilig geradezu genötigt fühlte, ein Bild so und ja nicht anders zu sehen. Oft empfand ich, dass mir der Künstler just in diesem Moment eine ganz andere Botschaft übermittelte. Damals habe ich die Entscheidung getroffen, Kunst weniger beeinflusst auf mich wirken zu lassen.

An jenem Sonntag im Herbst 2020 waren neben Arnstädter Stammpublikum, den Ausstellenden irgendwie Nahestehende, aber auch Kunstinteressierte aus Erfurt und anderen Orten Thüringens.

Februar 2021: Ich möchte die Arbeit an meinem Buch „Mehr als Erinnerungen" endlich zum Abschluss bringen, und erfahre von Dorsten Klauke: „Das war die bislang schlechteste Vernissage". Beinahe gespenstisch hallen die Worte in dem menschenleeren Ausstellungsraum nach. „Aufgeben gilt nicht, wir blicken nach vorn" ergänzt er seine Erklärung und reicht mir das jüngste Jahresprogramm der Kunsthalle Arnstadt / Galerie für zeitgenössische Kunst – randvoll, abwechslungsreich, interessant und hoffentlich bis zur „Weihnachtsbastelei" realisierbar.

Egal wann sie in die Kunsthalle kommen, zuerst wird dem (der) Besucher (...in) beinahe mittig, zwischen mit Kunst geschmückten Wänden, sich selber behauptenden Darstellungen und Menschen, ein Flügel begrüßen. Spontan oder auch geplant könnte dann darauf gespielt werden – alles ist drin in dieser Kunststätte, die einst Produktionshalle war, sich stets wandelnd, ganz wie das Leben. Erneut wird der Raum mit seiner Kunst eine Botschaft vermitteln: Wo einst handliche Träger von Licht hergestellt wurden, die strahlend die Dunkelheit erhellten, da gibt es nun Strahlen der Hoffnung. Sie aus den Bildern und Plastiken herauszufinden, sollten sie unbedingt versuchen.

Namen – was sagen die schon?

„Das einzig Beständige ist die Veränderung" lautet eine von Generation zu Generation mitgegebene Erfahrung. Rückblickend auf Jahrzehnte und in Archiven die Bestätigung findend, bin ich geneigt, zu sagen: Da ist was dran. Dabei hat Wechsel bei weitem nicht nur etwas mit der Veränderung gesellschaftlicher Systeme zu tun. Ehe man sich versieht, prangt an einem Gebäude ein neues Firmenschild – Vertrautes ist verschwunden. Nach einiger Zeit kommen gelegentlich sogar Einheimische ins Grübeln.
„Was war hier gleich noch mal?" hörte ich neulich einen Arnstädter seine Begleiterin fragen. Was sagen die neuen Namen? Noch größer wird die Unsicherheit, wenn man sich zudem auch noch in ein englischsprachiges Land versetzt fühlt oder Wortschöpfungen auftauchen, die eher Unworte sind, die kaum noch etwas aussagen. Was wird hinter dem Werkstor eigentlich gefertigt? Ist es ein ausländischer Investor?

Kleine Werbepräsente gab es auch in der DDR, hier Rückseite eines Taschenspiegels der Firma Reimer, persönlich ausgemalt

In anderen Fällen ist das leichter, zumindest für jemanden, der über Jahrzehnte an einem Bauwerk vorbei gegangen ist. Noch prägender ist es, wenn Kindheitserinnerungen damit verbunden sind.
„Ach der Reißverschluss in deinem Anorak ist schon wieder kaputt. In der ganzen Stadt ist kein neuer zu bekommen. Ich muss

mal Frau R fragen, die bei Reimer arbeitet", höre ich meine Mutter sagen, geradeso, als sei es gestern gewesen. Beim Nennen des Namens entstand sofort ein Bild in mir: Hans Reimer, stattlicher Mann, schwerer Ledermantel, einen PKW der Marke Opel fahrend, vermutlich Vorkriegsmodell.

Der einst mittelgroße Betrieb an der Ichtershäuser Straße 6 - 8 /Ecke Sodenstraße ist noch heute baulich bildprägend. Unverputzte Ziegel und eine markante Holzkonstruktion zeigend, ist die Fassade irgendwie beeindruckend. Am Zugang zum Betriebsgelände prangte ein kleines und doch nicht zu übersehendes Firmenschild. Zusätzlich zu dem Namen informierte die Umrisszeichnung eines Kopfes noch etwas mehr zur Fertigung: Wetter- und Sportkleidung. In früheren Anzeigen war zu lesen: Spezialfabrik für Leder-, Loden- und wasserdichte Kleidung. Im Stadt- und Kreisarchiv ist zu entdecken, dass die Firma am 18. Juni 1927 in das Handelsregister eingetragen worden ist.

Anzeige aus dem Jahr 1954

Zum Zeitpunkt der Hilfe für meinen Anorak war die Firma längst ein Halbstaatlicher Betrieb (ab 01. Januar 1959)* und Hans Reimer Geschäftsführer. Unterstellt war dieser Betrieb dem „VEB Leder- und Sportbekleidung Freiberg". Für viele Arnstädter jedoch war das weiter „Reimer". Im Jahr 1961 gab es hier vier Fertigungsbereiche: Leder- und Kunstlederbekleidung; Loden-Konfektion; wasserdichte Stoff- und Arbeitsschutzbekleidung.

Zu dieser Vielfalt trugen rund 100 Beschäftigte bei. Damit war die Entwicklung nicht abgeschlossen. In Etappen wurde mal da und dann wieder dort etwas angebaut. Mit einer Herausforderung war das Jahr 1965 verbunden: Umstellung der Produktion von Kunstleder auf das mehr und mehr in Mode kommende Dederon. Da lag ein neuer Name beinahe schon in der Luft., nicht nur das Material auch die Kleidungsstücke wurden zeitgemäßer.

"Jugendband" 1972: Erinnerung an das erste und zweite Lehrjahr angehender Textilfacharbeiterinnen (Archiv Konnopasch)

Ab 01. Januar 1972 machte ein neuer Firmenname die Runde: VEB Sportbekleidung. Der Wandel ging weiter. Wie andere kleine Firmen der Bekleidungsbranche wurde auch diese dem „VEB Modetreff" zugeordnet. Soweit die Erinnerungen eines Außenstehenden.

Weitaus intensivere Erinnerungen haben die, die in diesem Unternehmen gearbeitet haben. Zu diesen gehört Monika Konnopasch. Sie absolvierte dort von 1969 bis 1972 ihre Lehrjahre. Im Gespräch entpuppte sich deren Rückblende als recht erlebnisreich.

Zudem entsteht der Eindruck, früher gab es mehr keineswegs böse gemeinte Scherze der „Alten" mit den „Neuen". „Monika hole doch mal bei Frau Haack im Lager eine Trennmaschine", erinnerte sich meine Gesprächspartnerin und schmunzelte vor sich hin. Plötzlich erschien ihr alles wie eben erst geschehen. Ich hörte interessiert zu. „Beim Treppe hinabsteigen dachte ich darüber nach, was das wohl sein könne. Zugleich beschlich mich das Gefühl, wohl reingelegt worden zu sein. Die Angesprochene bestätigte dies und meinte, die hätte sie nicht, ein Lächeln nur mühsam verbergend. Überzeugt, dass es das Beste sei, dieses Spiel mitzuspielen, habe ich einfach in den Nähsaal gerufen: ‚Die ist nicht da.' – Gelächter schallte mir entgegen. Das Geschehene ließ mich nicht los. Leicht aufgebracht, berichtete ich abends meinem Vater davon."

Lehrling Monika präsentiert mit Stolz eine neue Sportjacke (Archiv Konnopasch)

Auch er schmunzelte und antwortete mir: "Da kannst du froh sein, dass sie dich nicht nach Stecknadelsamen geschickt haben."

„Lehrjahre sind keine Herrenjahre" – dieses geflügelte Wort hatte wohl in jedem Ausbildungsbetrieb seine Besonderheiten und doch auch Gemeinsames. Zu diesem gehörte der Besuch der Allgemeinbildenden Berufsschule*. Dort waren die künftigen Textilfacharbeiterinnen in aller Regel an zwei Tagen der Woche.
Im Betrieb wurden in einem speziellen Ausbildungsraum Schritt für Schritt Grundfertigkeiten im Umgang mit Stoff erworben. Später kam über mehrere Wochen das Kennenlernen aller Fertigungsbereiche hinzu. Zwischen diesen gab es Treppen, Gänge und vieles mehr, dazu diverse Besonderheiten. Eine solche war im „Haus Reimer" das Sekretariat des Chefs zum Treppenhaus. Zu diesem gab es eine Tür mit einem kleinen Fenster. Ähnlich denen wie bei Kinokassen oder Fahrkartenschaltern befand sich darin eine Öffnung. Hinter diesem Fenster begann das Reich von Frau Bittermann, einer recht dominanten Person im Betrieb.
„Nicht selten hörte ich beim Vorbeigehen: „Ach komm mal Kleine, hole mir doch aus dem Konsum gegenüber*..." erinnerte sich meine Gesprächspartnerin. „Irgendwann wurde mir das zu viel" ergänzte der einstige Lehrling: „Ich machte mich klein und schlich mich unterhalb der Fensterkante vorbei. Das hat nicht immer geklappt."

Ein Nähsaal ist doch kein Strand

Die Arbeit in dem schon damals in die Jahre gekommenen Bau, brachte eine Reihe Belastungen, die heute meist unvorstellbar sind. Gleiches gilt auch für so manche spontane Reaktion. Im Hochsommer herrschten in den beiden Nähsälen der ersten und zweiten Etage ohne Klimaanlage schier kaum auszuhaltende Temperaturen. Monika, gertenschlank, also ohne jegliches Gramm zu viel, glaubte eines Tages die Lösung gefunden zu haben: Arbeiten im Bikini. Zur Hitze gesellten sich nun große verständnislose Augen der meist älteren Näherinnen. Auch die eine oder andere Bemerkung ist gefallen. Schließlich erklärte jemand ganz offiziell: So gehe das nicht! Man wäre hier schließlich nicht am Strand – und überhaupt! Einsicht kam, die Hitze aber blieb. Zusätzlich angeheizt wurde diese von der materialintensiven Winterware (Anoraks), die im Sommer im Programm stand. Das regelmäßige Öffnen der Fenster auf der Süd- und der Nordseite war auch nur bedingt möglich, Zugluft hätte möglicherweise zu hohem Krankenstand geführt.

Heute werden Firmengebäude in der Regel so errichtet, dass fast alle Fertigungsprozesse auf einer Ebene erledigt werden. Die Hans Reimer KG verfügte seit jeher über ein Lager im Erdgeschoss, darüber waren zwei Nähsäle mit jeweils vier Nählinien und quasi unterm Dach erfolgte der Zuschnitt. Alle Rollen mit Stoffen, Futter und Füllstoff wurden außen per Seilwinde nach oben befördert, beinahe wie bei einem Hafen-Speichergebäude. Jahre später wurde für den Zuschnitt auf dem Firmenhof ein Neubau errichtet.

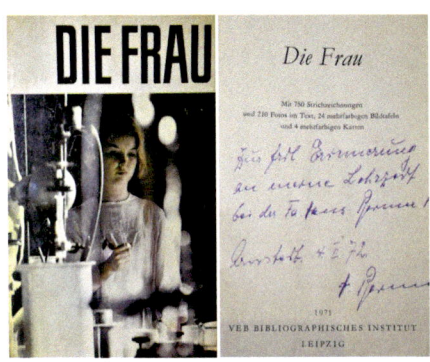

Manch Auszeichnung für gute Leistungen, hier ein Buch aus dem Jahr 1974, wird gerne aufbewahrt

Dort dominierten die beeindruckend großen Zuschnitt-Tische, auf die Stoffe und das Vlies Bahn über Bahn aufgelegt worden sind. Darauf kamen Schnittschablonen. Schließlich wurden mittels elektrischer Schneidetechnik ganze Packen von Einzelteilen zugeschnitten. Diese Arbeit verrichteten Männer.

Zudem gab es eine Musterschneiderei und bis zur Eingliederung des VEB Sportbekleidung in einen größeren Firmenverbund alljährlich im Frühjahr und Herbst die selbstverständliche Präsenz zur Leipziger Messe. Und wie wird Bekleidung am besten vorgestellt? Richtig, mit Fotos. Eines Tages erging an Monika die Frage: „Könntest du nicht mal...?" Und ob! Wie in vielen Bekleidungsfirmen der DDR üblich, attraktiv aussehende junge Damen der Belegschaft schlüpften, Eignung und Interesse vorhanden, dann auch mal in die Rolle eines Mannequins. Zu einem Nebenerwerb wurde dies nicht – eher eine mit Freude angenommene, gelegentliche Abwechslung. Man empfand es schön, zu zeigen, was die Beschäftigten des Betriebes konnten.

Welche Entlohnung bekam ein Lehrling. Die Summe galt nicht für alle Zeiten, aber die mit am Gespräch Beteiligte noch immer befreundete Kollegin Ilse Martin wusste es ihre Lehre betreffend genau: 58,-, 60,- und 75 Mark. Beide erinnerten sich wie aus einem Mund: Das hatten wir als Wirtschaftsgeld zu Hause abzugeben.

Zum Ende der Ausbildung fand der Nachwuchs bereits am Band seinen festen Platz. Bandarbeit war zu dieser Zeit in einem so kleinen Betrieb eher mit Muskelkraft verbundene Schiebearbeit. Am Beginn des Bandes wurden beispielsweise alle Zutaten eines Anoraks in eine Kiste gegeben. Mit jedem Schritt im Fertigungsprozess wurde der Behälter nach Erledigung ihres Anteils von den einzelnen Beschäftigten von Platz zu Platz geschoben. Zum Schluss erfolgte das Einnähen des Reißverschlusses. Dies forderte Zeit und hatte eine Tücke: Hier traten alle zuvor eingearbeiteten Ungenauigkeiten zu Tage, mussten behoben werden. Nach der Endkontrolle konnte das Kleidungsstück seine Reise zum Kunden antreten – zunächst per Rutsche ins Erdgeschoss zum Versand. Diese war ein Teil „innerbetrieblicher Rationalisierung". Solcher betrieblicher Fortschritt war meist Anlass, dass ein Vertreter der heimischen Presse darüber berichtete. Anfang der 1970er Jahre berichtete die Kreisausgabe Arnstadt der Bezirkszeitung „Das Volk", die Werktätigen des VEB Sportbekleidung könnten mit diesen Verbesserungen im Produktionsablauf zu Ehren des Republikgeburtstages eine bedeutsame Verpflichtung eingehen: „3.000 Damen-Dederon-Blousons bis zum

Jahresende zusätzlich". Weiter liest der heute wohl etwas verwunderte Leser: „Als echte Lokalpatrioten bauen die Arnstädter Modelieferanten eine Klausel in den Vertrag* ein: 500 Stück erhält die Konsumgüterleitstelle Arnstadt. Grund zur Freude für unsere Leser." Dazu wird sich später ein weiterer Gesprächspartner erinnern, den ich bei den Recherchen zu diesem Buch aufgesucht habe.

Auch die Beschäftigten verspürten einen Vorteil. Dem gleichen Zeitungsartikel ist zu entnehmen, dass die höhere Produktion die finanziellen Mittel für eine Verbesserung der Arbeits- und Lebensbedingungen bringe: Auf dem Boden (unterm Dach) des Firmengebäudes werde ein Kulturraum eingerichtet. Zudem entstehe bei Kleinbreitenbach ein Ferien-Bungalow.

Wenn die planmäßige Monatslieferung aus irgendwelchen Gründen in Gefahr zu geraten drohte, wurden Sonderschichten angeordnet. War alles wider im Lot, gab es zur Belohnung ein Stück Stoff oder eben Dederon.

„Unvergessen sind aber auch schöne Stunden",so die Textilfacharbeiterinnen Monika Konnopasch und Ilse Martin, „beispielsweise gemeinsame Feiern zum Frauentag in der ‚Fasanerie' oder in der ‚Henne'. Es gab auch mal ein Buch als Auszeichnung. Und erst die gemeinsamen Bustouren..." gerieten beide ins Schwärmen. Ziele waren meist Vorlieferanten, wie in Heiligenstadt der Betrieb „VEB Solidor", der die Reißverschlüsse lieferte, Webereien und Strickereien.

Und noch etwas kam an Erinnerung hoch: Der Lohn ging nicht auf ein Konto, sondern wurde, vorher akribisch in Lohntüten eingelegt, aus einem kleinen Kasten heraus direkt im Nähsaal ausgezahlt.

„Mein erster Lohn als Facharbeiterin hat 380,-Mark betragen. Ich weiß es noch wie heute und ich kaufte mir in Erfurt eine eigene Nähmaschine auf Anzahlung", so eine meiner „Zeitreisenden".

Alles wird neu

Als Schneiderin zu Hause wurde so manche Mark nebenbei verdient. „Zauberinnen" in Sachen Textilien waren eine gefragte Spezies. Als Ideengeber für modische Stücke galten vor allem die begehrte DDR-Modezeitschrift „Sybille" und Publikationen des „Verlag für die Frau". Besonders beliebt waren zudem Anregungen aus von staatlicher Seite unerwünschten, aber irgendwie ins Land gelangten modische Tipps aus „westlichen Druckerzeugnissen": Dazu zählten u.a. „Brigitte", „Für Sie", ab und an sogar ein Katalog. Dabei konnte es durchaus vorkommen, dass dem aufmerksamen Betrachter ein Erzeugnis eigener Fertigung aufgefallen ist – zu einem traumhaft niedrigen Preis des benachbarten „Konsum-Wunderlandes".

Das Gebäude der einstigen Firma Reimer prägt bis heute die Ecke Ichtershäuser-/ Sodenstraße

Nach den politischen Veränderungen 1989/90 und dem wirtschaftlichen Aus für unzählige Betriebe, hatte der Wechsel von Firmenschildern an den Fassaden ein Ende. Viele verschwanden einfach – andere verblassten, jeglicher Ausstrahlung beraubt. Die wirtschaftlichen Weichen gründlich neu gestellt, fuhr auch Modetreff alias Sportbekleidung auf das Gleis mit dem Prellbock. Der vielerorts zu beobachtende Trend, dass da, wo einst mit Hände Arbeit Geld verdient wurde, Stätten geschaffen werden, in denen Geld ausgegeben werden soll, machte um das Firmengebäude mit reicher Geschichte keinen Bogen.

Finanziell mit einem Kredit gestärkt, ging der Arnstädter Martin Wendl 1995 an den Start. Der lag nach einem Hürdenlauf über mehrere Etappen in einem einstigen Nähsaal. Zunächst war er sich mit seiner Familie wohl nicht sicher, ob man nicht besser

Blick in einen ehemaligen Nähsaal der Bekleidungsfirma Reimer / VEB Modetreff im Jahr 1995 (Foto Wendl)

gleich wieder davonläuft. Letztlich wurde daraus ein Start-Ziel-Sieg. Wendl, in der DDR der jüngste Kaufhausleiter Thüringens, dann Chef einer Spezialverkaufsstelle für Unterhaltungselektronik in der Rankestraße und vor allem jüngster Spross einer in Arnstadt angesehenen Kaufmannsfamilie (siehe auch Beitrag „Ständiger Wandel" in diesem Buch) ließ sich keine Angst machen.

Bei so mancher baulichen Veränderungen entsprechend dem neuen Verwendungszweck kamen sogar Erinnerungen auf. Zum Beispiel diese: „Als ich noch Leiter des Konsumkaufhauses in der Rosenstraße gewesen bin, war ich froh, hier für unsere Kundschaft ein paar Stücke aus der Überproduktion zu bekommen, Kunstlederjacken und heiß begehrte ‚Blousons' beispielsweise". Viel Zeit, Erinnerungen nachzuhängen, ist nicht geblieben. Alles sollte schnell gehen. Im Frühjahr 1996 konnte der gründliche Umbau beginnen. Zuverlässige Partner waren fast ausschließlich unterschiedliche Gewerke aus Arnstadt oder der Region. Auch bei kniffligen Aufgaben war deren Arbeit so gut, dass die einzelnen Handwerksbetriebe noch heute die beste Empfehlung sind.

Am 30. Oktober 1996 erfolgte die feierliche Eröffnung des Wendl- Marktes für Heim- und Unterhaltungselektronik. Die Palette: Alles zwischen nützlichen Helfern wie Kühlschrank, Küchentechnik und Co sowie für Freizeit und Unterhaltung. Das Angebot erreichte eine Breite von bespielten und unbespielten VHS-Kassetten, weiterer Speichertechnik, über Fotoapparate bis hin zu Fernsehgeräten und Radios unterschiedlicher Marken. Im Hintergrund war die Hand des kräftigen bundesweit bekannten Partners Expert zu spüren. Partner bzw. Mieter sorgten für zusätzliches Leben an der dominanten Ecke Ichtershäuser- / Sodenstraße. Über den Elektronikladen erreichbar, präsentierte sich die Reinhard GbR mit einem breiten Angebot an Küchen, in der oberen Etage zog eine Spielothek ein und über den Hof eröffnete im ehemaligen Zuschnitt eine Zoohandlung.

Entwicklungen am Markt und beim Kaufverhalten führten zu

neuerlichen Veränderungen. Zunehmend mehr Menschen verfielen den Werbeversprechen maximaler Geldersparnis. Konsumtempel auf einst grünen Wiesen oder Feldern sowie auf Flächen von Industriebrachen lockten mit ständig neuen Überredungskünsten.

> Sehr geehrte Familie ....
>
> Am Mittwoch d. 30.Oktober 1996 um 15.00 Uhr, eröffnen wir am neuen Standort in Arnstadt, Ichtershäuser Straße 8, unsere Geschäftsräume. Auf wesentlich erweiterten, attraktiven Verkaufsflächen halten wir für unsere Kunden ein umfassendes Angebot bereit.
>
> Wir würden uns sehr freuen, Sie zu diesem Anlaß begrüßen zu können.
>
> Mit freundlichen Grüßen
>
> M. Wendl   M. Reinhardt

Einladung: Nach erfolgtem aufwendigen Umbau erfolgte 1996 die Eröffnung des kombinierten Geschäfts Haus- und Unterhaltungselektronik Wendl / Küchenstudio Reinhardt.

Am Eröffnungstag v.l.n.r. Martin Wendl mit seiner Frau Regina und Sohn Timo (Foto Wendl)

Zunehmend mehr Menschen verirrten sich beim Online-Handel. Zunächst nahm Wendl „dem Markt gehorchend" in Etappen das kleinteilige Sortiment heraus, später folgten Geräte der Unterhaltungselektronik.

Für Kunden kaum erkennbar wurde der Schriftzug „Expert" Geschichte. Gepflegt wurden von nun an Direktbeziehungen zu namhaften Marken. Erhalten blieb, was kluge Kunden besonders schätzen: Gute Beratung, Fachkenntnis des Verkäufers und eine dazugehörige Werkstatt. Schließlich kann ja auch modernste Technik mal Macken haben, von „Sollbruchstellen" ganz zu schweigen.

Einen Nutzerwechsel gab es auch in dem Flachbau. Hier hielt ein Anbieter Einzug, der dem Hunger etwas entgegenzusetzen hat. Über dem Eingang prangt der Schriftzug „Come in – das etwas andere Diner". Nur der früher Geborene erkennt hier eine gewisse Ironie der Geschichte: Fast genau an der Stelle wo im April 1945 ein amerikanischer Panzer dem letzten Eifer zur Plünde-

Im früheren Zuschnitt-Saal wird seit Jahren zum etwas anderen Diner eingeladen. Der einstige Fabrikschornstein, inzwischen zurückgebaut wurde Antennenträger

rung des Marine-Depots in der benachbarten Malzfabrik Einhalt geboten hat, ist jetzt „come in" zu lesen.

Veränderungen gab es ebenso im Küchenstudio. Das Unternehmen Reinhard zog sich zurück, Familie Wendl aber fand das Küchenstudio 1999 weiter gut zum Sortiment passend. Sohn Timo arbeitete sich mehr und mehr ein und begann seinen Anteil dazu beizutragen, das der gute Ruf gewahrt wird, Kunden treu bleiben oder neu hinzukommen.

Im Jahr 2020 hätte Martin Wendl sein 30jähriges Geschäftsjubiläum gebührend feiern können, Covid-19 wollte es anders – still! Nahezu unbemerkt wurde der Staffelstab eine Generation weiter gereicht. Nun dominieren Küchen und Küchentechnik, nach wie vor verknüpft mit unverzichtbarem Service. Wer die Erinnerung an den Start sucht, der bekommt noch immer Fernsehgeräte mit Kundendienst.

Im Beratungs- und Musterraum des Küchenstudios Wendl gibt es ein breites Angebot rund um Küchen und Zubehör

Noch ein Schritt zurück in der Zeitreise gab es beim Abschied von meinem Gesprächspartner. Da wo heute die Kunden ein und ausgehen, befand sich zu Zeiten des VEB Modetreff, Betriebsteil Ichtershäuser Straße, die Warenauslieferung. Kleidungsstück um Kleidungsstück trat von dem heutigen Parkplatz Sodenstraße per LKW die Reise an. Auch zu Kunden in der damaligen BRD, lang, lang ist es her.

Ständiger Wandel

Jede Stadt hat ihr eigenes Erscheinungsbild. Und doch haben alle Orte auch viel Gemeinsames. Entwicklung prägt und gesellschaftlich bedingte Veränderungen kommen hinzu. Die Ursachen sind mannigfaltig. Bei weitem liegt dies nicht nur an der Neuzeit und daran, dass die Uhren immer mehr schneller zu ticken scheinen.
In den Jahren unmittelbar nach dem Zweiten Weltkrieg, so erinnere ich mich, prangte über beinahe jedem Geschäft ein anderer Name. Zudem ist aufgefallen, dass Werbung auf Dinge aufmerksam machte, die es schon lange nicht mehr gegeben hat.
Zunehmend verschwanden zunächst Schriftzüge, wurden durch neue ersetzt. An wieder anderen Gebäuden prangten noch vertraute Namen, oft in Stein gehauen oder kunstvoll in die Fassade eingearbeitet. Der Inhaber aber war inzwischen verstorben, wurde genötigt, sein Geschäft aufzugeben oder, wie es damals vereinfacht genannt wurde, er war „weg" – sollte heißen, „nach dem Westen abgehauen". Vor allem die Nachwachsenden nahmen das neue Straßenbild rasch als normal wahr, störten sich auch nicht an den immer wiederkehrenden gleichen großen Buchstaben. Verwandtenbesuch ließ verlauten: „Bei euch gibt es ja nur HO*, Konsum und PGH*".
„Wenn ich Zeit habe, muss ich mal darauf achten" raunte eine Stimme tief in mir, sagte aber nichts. Beinah wurde es zum Sport, ab und an wieder genauer hinzusehen. In der Tat: Verblasst hinter überstrichenen Flächen hervor schimmernd, unter nicht ganz passgenauen darüber gesetzten Tafeln im Ansatz zu erkennen, Begriffe von einst. Bei Nachfragen zu Hause erfuhr ich wie selbstverständlich mehr. Später entdeckte ich, dass alte Adressbücher spannend wie ein Krimi sein können, z.B. das letzte von 1948.
Aber herrschen dort, „drüben", wo unsere Verwandten wohn-

ten, beim genauen Hinsehen nicht ebenso immer wieder gleiche Schriftzüge vor? Bei einem Stadtbummel anlässlich eines Besuchs, es sollte für Jahrzehnte der letzte sein, fasste ich nicht aus Revanche, aber der Realität entsprechend, zusammen: „Ja, hier ist alles bunter und es gibt interessante Angebote. Eure Hauptgeschäftsstraßen aber sehen schon ab mittlerer Größe der Stadt alle ähnlich aus. Gleiche Kaffe- und Süßwarengeschäfte, dazu Woolworth, Karstadt, Kaufhof, H & M, Breuninger, Quelle, Christ... Nach Dominanz strebende Platzhirsche drücken bei euch die Kleinen auch an die Wand".
„Ja, das Ladensterben ist erschreckend. Wenn man längere Zeit nicht in der Stadt gewesen ist, fällt auf: Gewohntes ist weg", so mein Gastgeber.
Soweit ein Gespräch aus der Zeit der Zweistaatlichkeit. Inzwischen hat uns diese Entwicklung eingeholt. Soll ich besser sagen: Der Westen ist zu uns gekommen? Zerstoben ist der Traum von bunter Vielfalt in der Innenstadt. In der Erfurter- und der Bahnhofstraße, der Rosenstraße, am Markt-, Holz- und Kohlenmarkt und anderen Orts oft gähnende Leere. Das liegt nicht nur daran, dass die einstige Jagd von Geschäft zu Geschäft überflüssig geworden ist. Der Ehrlichkeit halber, auch heute kann auf der Suche nach etwas Bestimmtem viel Zeit notwendig, gar ergebnislos sein.
Wenn an den Schaufenstern „Wir schließen" steht, verbirgt sich dahinter meist nicht etwa eine Renovierung. Immer öfter ist das Gleiche zu hören: Unkosten stehen in keinem Verhältnis zum Umsatz, die Kunden bleiben weg, bin alt und finde keinen Nachfolger, unsere Einkaufspreise liegen über den Verkaufspreisen der Großen, der Internet-Handel macht uns kaputt...
Die Ursachen sind also bekannt. Optionen für kluges Gegensteuern liegen auf höchster Ebene. Auf keinen Fall schuldlos an dieser Entwicklung sind die Menschen mit ihrem vermeintlich freiem, jedoch geschickt manipulierten Kaufverhalten. Zum Überfluss kam 2020 auch noch das Virus Covid-19, im Alltags-

sprachgebrauch kurz „Corona" genannt

Ziel dieses Buches ist es nicht, Tabellen über an- oder abgemeldetes Gewerbe zu veröffentlichen, geschlossene Gaststätten gegen die einst geöffneten aufzurechnen oder die jüngst verschwundenen Geschäfte (Ladenlokale) in der Stadt aufzulisten. Schon zwischen Niederschreiben und Andruck des Buches würden die Zahlen andere, noch erschreckender. Ein exemplarisches Beispiel aber sei erlaubt.

Da geh ich mal zu Altenburg

Man glaubt es kaum. Über Jahre kaufen Menschen immer öfter alles an elektrischen Geräten von der Glühlampe bis zur Kaffeemaschine, vom Wasserkocher bis zum Kühlschrank beim Anbieter auf der einst grünen Wiese, in Erfurt bei „X" oder lassen es

Mit einem breiten Sortiment machte von 1990 bis 2019 der Fachhandel Altenburg in der Marktstraße auf sich aufmerksam

sich schicken. Dann suchen sie ein sogenanntes „Kleinteil" und erinnern sich tatsächlich: „Ach, da geh ich mal zu Altenburg."

Kaum im besagten Landen eingetreten, bekennen sie sich sogar zu ihrer vorausgegangenen Rundreise. Die Frage wird mit „Ja, haben wir" beantwortet. Leuchten eilt über das Gesicht des Kunden.

Nach dem „das kostet..." kommt „das ist mir zu teuer. Da versuche ich es woanders noch mal!" Kaum zu hören ist der Abschiedsgruß. Mir als zufällig im Laden stehenden Auch-Kunden verbietet sich ein Kommentar.

Die stets freundliche Frau Heidemarie Altenburg, die letzte von einst drei Verkäuferinnen, kann ein langgezogenes „Tjaa..." nicht hinunterschlucken. Nachdem sich die Tür geschlossen hat und wir alleine sind, kann ich mir eine Frage nicht verkneifen.

„Kommt das öfter vor?"

„Ach, wenn sie wüssten..."

Freundlich Kunden zu bedienen, war für Frau Heidemarie Altenburg bis zum Ende selbstverständlich und mit Freude verbunden

Nein, ich ahnte es bisher nur oder mein Wissen resultierte aus einer der wenigen kritisch beleuchtenden Fernsehsendungen.
Einmal angestachelt, fielen gleich noch mehr Fragen aus meinem Mund.
„Da reden sie am besten mal mit meinem Mann..."
Zunächst wurde meine Wissbegier gestoppt. – Keine Zeit! Dann aber saßen wir zusammen, sprachen, wie das zwischen zwei Personen eines Jahrgangs nicht selten ist, offen über dies und das. Nicht alles muss öffentlich werden, aber die Geschichte Altenburg ist es wert. Sie steht dafür, dass viel zu erreichen ist, wenn jemand nur will.
Mit dem „Zeitzug" ging es zurück in die 1950er-Jahre. Unsere Station ist Ichtershausen: Wolfgang Altenburg absolvierte in dem angesehenen Handwerksbetrieb Leser gerade seine Ausbildung zum Elektriker. Bei der Tätigkeit im Lauf der Jahre immer perfekter geworden, folgte in der inzwischen gebildeten PGH* (1958) ein Hineinschnuppern in Bereiche, die für einen Elektriker nicht vordergründig dazugehören – Geschäftsablauf. Eines Tages erwachte der Drang nach Neuem. Es folgten 10 Jahre als Betriebselektriker in der Jugendstrafanstalt, verbunden mit dem Erwerb des Wissens eines Industriemeisters. Die nächste Herausforderung lautete: Selbständigkeit. In der DDR? In einer Zeit als immer öfter Handwerksbetriebe in einer PGH aufgegangen sind? Hat da einer auf eigenen Füßen überhaupt eine Chance? Andererseits, es gab so viel Nachfrage. Das zeigte die Nach-Feierabend-Tätigkeit, sollte da nicht doch? Nun, eine Herausforderung wäre nicht eine solche, wenn sie keine Anstrengen erforderlich machte. Am Ende aller Bemühungen stand die Zulassung. Nur das zählte. Begünstigend mag im Hintergrund gewirkt haben, dass zu diesem Zeitpunkt eine echte Lücke in der Versorgung mit Handwerksleistungen dieser Art entstanden war.
– Am Kohlenmarkt hatte gerade die Firma Elektro-Brandt aufgehört. So begann am 01. Januar 1978 ein neuer Lebensabschnitt als selbstständiger Elektroinstallateur – unterwegs im gesamten

Landkreis. Zur sicheren Bank gehörte die Landtechnik Stadtilm, ein Instandhaltungsbetrieb für landwirtschaftliche Maschinen. Zunächst arbeitete Altenburg alleine, in der Folgezeit bildete er sogar einen Lehrling aus.

Über den Schaufenstern in der Marktstraße prangten zu der Zeit die Buchstaben HO und ein Blick in das Schaufenster bestätigte: Möbelgeschäft. Im Zusammenhang mit den Entwicklungen von 1990 erfasste die Gründerzeitstimmung auch Altenburgs. Erneut gab es Hürden, wieder wurden sie gemeistert. 1990 hieß es, in der Marktstraße eröffne der Elektrowaren-Fachhandel Altenburg. „Gerade noch rechtzeitig" wagt der Beobachter der damaligen Zeit zu sagen. Der Ausstattungsbedarf in den Haushalten schien grenzenlos, alle riefen nach Modernisierung der Installationen und selbst Großabnehmer meldeten sich. Rückblickend erzählt der inzwischen Ergraute: „Da ging schon mal jemand gleich mit einem ganzen Karton neuer Leuchtstoffröhren aus dem Laden. An Waschmaschinen und Kühlschränken verkauften ich in 14 Tagen gut und gerne 10 Stück. Wir vergrößerten unseren Laden sogar und hatten fortan eigens zur Präsentation und Beratung einen Ausstellungsraum."

Dann begann sich eine Entwicklung Bahn zu brechen, die auch aus Gesprächen mit anderen Geschäftsleuten bekannt ist. Mit jedem Baumarkt vor den Toren der Stadt, mit jedem Anbieter auf einst fruchtbaren Feldflächen, ging der Umsatz um deutliche Prozente zurück. Mit dem Urtrieb der Jäger und Sammler wurden die Menschen zudem für Sonderangebote immer empfänglicher. Man könnte auch sagen: Schnäppchen machen ist wie eine neue Sportdisziplin. Eines Tages ist der Punkt erreicht, da öffnet so manches Geschäft in der Innenstadt beinahe nur noch aus Spaß an der Freude – leben davon kann kaum jemand, schon gar nicht wenn Miete zu zahlen ist.

„Den letzten Punkt setzt nun der Internethandel" resümiert leise der, der einst Herausforderungen nicht aus dem Weg gegangen ist. Mit Stolz hebt nach einer kurzen Pause die Stimme wieder an. „Die Installationsarbeiten führt mein Sohn Jörg weiter. Der hat nach wie vor gut zu tun. Darauf bin ich stolz, andere haben noch nicht einmal einen Nachfolger. Die Zeit des Ladengeschäfts aber ist vorbei."

2019 verkündeten die Schaufenster unübersehbar die Schließung

Dabei hatte alles einmal so verheißungsvoll angefangen.
Das war schon vor den stürmischen 1990er-Jahren so. Leonhard Wendl beispielsweise, ein anerkannter Händler mit Bekleidung, siedelte sich im vergangenen Jahrhundert (oh wie sich das anhört) aus Oberfranken kommend in Arnstadt an. Dieser übergab das Geschäft schließlich familiär an seinen Nachfolger. Das war bis 1968 möglich. Dann vermeldet mein eigenes Erinnerungsvermögen: HO für Kurzwaren und Wolle. Ja und nach den Veränderungen 1990 unternahm hier Martin Wendl seine ersten selbständigen Schritte als Händler für Unterhaltungselektronik. Nun ja, im Hintergrund prangte die Anmerkung „EP-Partner", ein aus

der Alt-BRD bekannter Schriftzug. Der „Durchstarter" erinnert sich: „Donnerstags kam der LKW mit der Ware, am Sonnabend war alles weg..." Heute sind in dem Schaufenster erneut Kassettendecks und vieles mehr zu sehen – An- und Verkauf.

Alle Zeiten hat der Schriftzug über dem einstigen Konfektionsgeschäft Wendl An der neuen Kirche überdauert

Ladenschließung am Holzmarkt 2020

Im Erscheinungsbild kaum verändert, präsentiert sich in der Bahnhofstraße 5 das Werkstatt-Wohnhaus-Ensemble des früheren Handwerksbetriebes Autolicht Eichelrodt, heute Sitz von Meisterbetrieb Jens Otto

Ausflugsverkehr im Jonastal in den 80ern

Erklärungen

ADMV: Allgemeiner Deutscher Motorsport Verband

Allgemein bildende Berufsschule: zentrale Ausbildungsstätte für Wissen wie in Deutsch, Mathematik u.a., gleichbedeutend für mehrere Berufe und daher in Gemeinschaftsklassen, befand sich in Arnstadt über viele Jahre am Schulplan (heute Sitz von Abteilungen der Stadtverwaltung);

AWO: Kurzbezeichnung für die sowjetische AG „Awtowelo". In diese wurden in der sowjetischen Besatzungszone (1945-1949) tätige namhafte Fahrzeughersteller eingegliedert, in Suhl kam es dieser Zeit zur Weiterentwicklung von Motorrädern, u.a. zur „AWO-Sport";

Corona: umgangssprachliche Bezeichnung für das Virus Covid-19

Barkas: Kleintransporter des DDR-Fahrzeugbaus

Dynamo: Sportclub, Bezeichnung für die Sportvereinigung der „Schutz- und Sicherheitsorgane der DDR" (Volksarmee, Polizei, Angehörige des Ministeriums für Staatssicherheit, Zoll u.a.), gegründet am 27.03.1953

DLK: Dienstleistungskombinat, diese Dienstleister gab es mit örtlichem Bezug über die ganze DDR verteilt und umfasste von Ort zu Ort unterschiedlich breite Angebote. Das Arnstädter hatte denn Zusatz „Elektrik". Mit diesem Bereich hatte die Firma quasi begonnen, später kamen immer mehr Angebote hinzu

Exquisit-Geschäfte: Angebot von Importwaren oder hoch veredelten Erzeugnissen inländischer Produktion mit hoher Preisgestaltung

Ganzzug: Ein Güterzug, der in seiner Gesamtheit vom Abgangs- zum Zielbahnhof unterwegs ist

HO: Handelsorganisation, Gründung: November 1948 und zuerst nur in Großstädten, später verteilt über die DDR und mit breiter werdendem Warensortiment

Jawa: Marke für Zweiradfahrzeuge, importiert aus der CSSR;

IFA: Industrievereinigung Fahrzeugbau der DDR

IFA-Vertrieb: Wer entsprechend der Anmeldung „dran" war bekam eine Karte und konnte seinen PKW in der Regel in einem zentralen Auslieferungslager abholen. Arnstädter fuhren zu diesem Zweck nach Erfurt

Kapitan: von der Besatzungsmacht in Umlauf gebrachter Sammelbegriff für sowjetische Offiziere

Konsum: Geschäfte des genossenschaftlichen Handels

Konsum gegenüber: Lebensmittelverkaufsstelle an der dem Betrieb gegenüber liegenden Ecke der Sodenstraße, vorher befand sich dort die Gaststätte „Grundstein" mit einem Biergarten

LPG: Landwirtschaftliche Produktionsgenossenschaft, ein Zusammenschluss von Bauern

Milchbraut: Transport- und Aufbewahrungsgefäß in Kannenform mit Deckel, meist aus Aluminium oder emailliert, meist für Milch verwendet

Luxemburg, Rosa: geb. 05.03.1871 – ermordet 15.01.1919, revolutionäre. Sozialistin, sprach 1912 im damaligen Kurhaus, das in der DDR als RFT-Kulturhaus ihren Namen getragen hat

Minol: Gründung 01.09.1949 durch die Deutsche Kraftstoff- und Mineralölzentrale (DKMZ), die in der

Sowjetischen Besatzungszone für die Versorgung mit Kraft- und Schmierstoffen zuständig war. Nach dem Zweiten Weltkrieg gab es noch 1.800 Tankstellen. Minol ist ein Kunstwort, entstanden aus Mineralöl und Oleum (lat. Ausdruck für Öl). Als VEB-Unternehmen existiert Minol seit 1956.

MZ: Motorradwerk Zschopau, bedeutender Hersteller motorisierter Zweiräder in der DDR;

NAW: Nationales Aufbauwerk

NARVA: Kombinat der Volkseigenen Lichtquellenindustrie der DDR

PGH: Produktionsgenossenschaft des Handwerks

Pioniergehölz / Pionierpflanzen: Als Pionierbäume gelten Baumarten, die auf kahlen Flächen Fuß fassen oder als erste Pflanzungen dazu beitragen, Möglichkeiten für künftigen Baumbestand zu schaffen zu ihnen gehören Birken und Kiefern

Provisor: Verwalter einer Apotheke

Stangeneis: Hersteller in Arnstadt war der Schlachthof, hier konnte es käuflich erworben werden. Einst wurde es im Winter auf zugefrorenen Seen und Teichen sowie Flüssen ausgesägt und in speziellen Kellern eingelagert

VEB: Volkseigener Betrieb

Vertrag: in diesem Fall ist eine Wettbewerbsvereinbarung zur Mehrproduktion gemeint

„Weißde noch?": Band 1 – 3, erschienen im Herkules Verlag Kassel, Autor: Jürgen Ludwig

"Wattfraß", „Bremsheini" und „Rumpelmännchen": Figuren mit denen auf das Alltagsverhalten eingewirkt

werden sollte, so stand „Wattfraß" für Bereitschaft zur Energieeinsparung und das „Rumpelmännchen" animierte Groß und Klein zum sparsamen Umgang mit Altrohstoffen wie Glas, Papier, Alttextilien...;

Quellen

- *1 Stadt- und Kreisarchiv
- *2 persönliche Erinnerungen des inzwischen verstorbenen Siegfried Unger in einem Gespräch
- *3 persönliche Notizen von Walter Liebmann
- *4 Stadt- und Kreisarchiv der Stadt Arnstadt, Sign. 008-03
- *5 Stadt- und Kreisarchiv der Stadt Arnstadt, Sign. 008-03
- *6 DAIMON-Betriebsarchiv
- *7 Lexikon Chronik von Arnstadt S.124, Verlag Kirchschlager, Arnstadt
- *8 Jürgen Ludwig „Weißde noch?" Band 1, Seite S. 19, im Herkules Verlag erschienen.

Dank für die Bereitstellung von Fotos gebührt dem Stadt- und Kreisarchiv Arnstadt, dem Schlossmuseum Arnstadt, ebenso den Geschwistern Fries, Arnd Hornickel, Monika Konnopasch, bei Martin Ohrenschall, Rainer Schaar, Tina Trautvetter und Martin Wendl. Zudem gab es freundliche Unterstützung bei den Fotoaufnahmen im Musterraum der ARTAS und in der Arnstädter Kunsthalle sowie bei den abgebildeten Personen. Weitere Bildquellen: Fotoarchiv W. Schenker, Sammlung Schindler.

Fotos:

Fries: 3
Foto: H.Gressler 1
Hornickel: 2
Höring: 1
Konnopasch: 2
Ludwig: 69
Ohrenschall: 2
Sammlung Schindler: 1
Schaar: 1
I. Schäfer: 1
Schenker: 1
Schlossmuseum Archiv: 1
Stadt- und Kreisarchiv: 2
Trautvetter: 2
Wendl: 2

Landolf Scherzer, Hans-Dieter Schütt

„Gysi & Ramelow"
„Diesen Weg auf den Höh'n ..." - Eine Thüringen Tour

Eine Woche sind Gregor Gysi und Bodo Ramelow, Ministerpräsident Thüringens, duch den Freistaat gewandert - begleitet von Neugierigen, Gesinnungsfreunden und Gebietskundigen.
Vom Höllental in sechs Stationen durch Thüringen.
Die Schriftsteller Landolf Scherzer und Hans-Dieter Schütt waren nicht nur dabei, sie haben auch ein wunderschönes Buch darüber geschrieben.

Edition
ISBN 978-3-945068-15-1
Preis: Euro 12,90 EUR (D)
Erfurter Straße 29; 99310 Arnstadt
www.THK-Verlag.de

Bestellung: info@THK-Verlag.de

Irrfahrten

KURIOSE GESCHICHTEN VOM LEBEN UND VON DER LIEBE

Nach dem notwendigen Respekt oder gar nach Ehrfurcht vor der Dichterkunst des großen Dichters Homer, der schon vor Beginn unserer Zeitrechnung die bedeutenden Werke der Ilias und der Odyssee erschuf; nach Achtung vor den edlen Zielen der deutschen Ritterschaft; nach Ernsthaftigkeit in der Arbeit hinter dicken Gefängnismauern oder nach Einhaltung oder gar Würdigung selbstverständlicher moralischer Grundsätze in einer modernen Zweierbeziehung wird der geneigte Leser vergeblich suchen!

Locker, humoristisch, teils satirisch geht der Autor mit den moralischen Beziehungen seiner Gestalten um, stellt historische Wahrheiten auf den Kopf, lässt gelegentlich aber auch ernste Töne vernehmen. Insgesamt spannt er den Bogen weit über unsere Zeit hinaus bis in eine ferne Zukunft und verrät uns sogar das Rezept für eine harmonische und durchweg glückliche Zukunft der Menschheit!

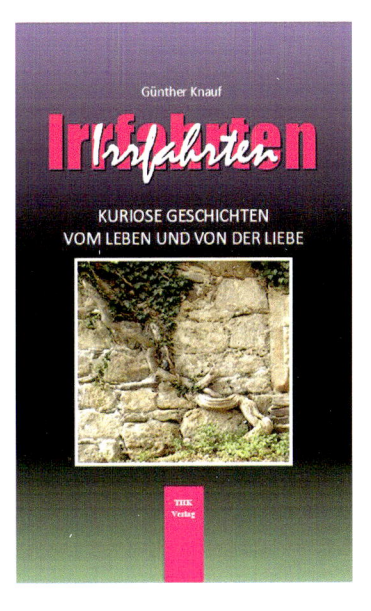

Bleibt nur, dem Leser recht viel Spaß und möglichst wenig Kopfschütteln beim Lesen dieser Lektüre zu wünschen.

THK Verlag

Ein Lebensbild
ISBN 978-3-945068-31-1
Preis: 19,90 Euro (D)
Erfurter Straße 29; 99310 Arnstadt
www.THK-Verlag.de
Bestellung: info@THK-Verlag.de

Gerhard Hörselmann
UNTERM HIMMEL DER ANNAPURNA
- Höhenwege durch Nepal -

Magisches Nepal - grandioser Himalaya! Was macht die Faszination dieses asiatischen Landes aus? Worin liegt der besondere Reiz dieses überwältigenden Gebirges, seiner Menschen, seiner Religionen?

Das Reisetagebuch von Gerhard Hörselmann gibt darauf eine sehr persönliche Antwort. In vielschichtigen Momentaufnahmen beschreibt der Autor bildhaft und emotional das intensive Erleben der beeindruckenden Natur und des ursprünglichen Lebens der Einheimischen und deren zufriedene Gelassenheit. Das Überleben im höchsten Gebirge der Welt ist gekennzeichnet von der Reduzierung auf das absolut Notwendige. Diese Erfahrung des Verzichts, die ganz im Gegensatz zu unserer westlichen Konsumgesellschaft steht, veranlasste den Autor, angeregt durch die intensive Atmosphäre der majestätischen Berge, über die wahrhaft wesentlichen Dinge des Lebens nachzudenken.

Die mehrwöchige Bergtour rund um das Annapurna-Bergmassiv fiel in die Zeit einer politischen Umbruchphase, in der maoistische Rebellen im Untergrund agierten. In den Bergen bestand die Gefahr der Konfrontation mit der nepalesischen Armee und für die Trekking-Gruppe die Wahrscheinlichkeit in die Kreuzfeuer beider Fronten zu geraten. An der Seite von erfahrenen und hilfreichen Begleitern, insbesondere der beiden Sherpas Mingma und Mindu, gelang letztendlich die Abwendung von Gefahrensituationen in der Abgeschiedenheit der Berge und die Überschreitung des berüchtigten Thorong La-Passes.

Edition Ferne Reisen
ISBN 978-3-945068-21-2
Preis: 19,90 Euro (D)
Erfurter Straße 29; 99310 Arnstadt
www.THK-Verlag.de
Bestellung: info@THK-Verlag.de

THK-Verlag präsentiert:
Edition Neue Abenteuer

Band 1
„Das Indianergrab"

ISBN: 978-3-945068-19-9
Preis: 19,90 Euro (D)

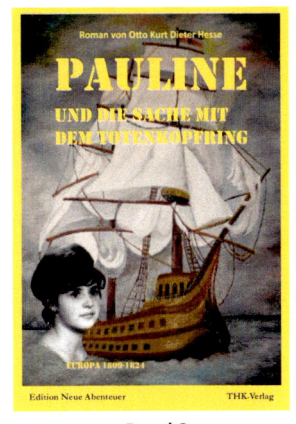

Band 2
„Pauline und die Sache mit dem Totenkopfring"

ISBN: 978-3-945068-20-5
Preis: 19,90 Euro (D)

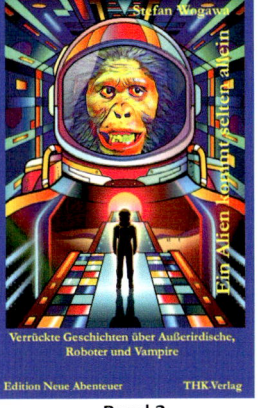

Band 3
„Ein Alien kommt selten allein"

ISBN: 978-3-945068-26-7
Preis: 9,90 Euro (D)

Band 4
„Radulf - Herzog der Thüringer"

ISBN 978-3-945068-27-4
Preis: 19, 90 Euro (D)

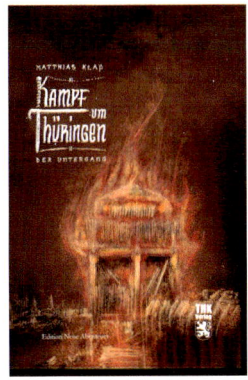

Band 5
„Kampf um Thüringen - der Untergang"

ISBN 978-3-945068-29-8
Preis: 19, 90 Euro (D)

THK-Verlag (UG) Erfurter Straße 29 99310 Arnstadt
www.THK-Verlag.de
Bestellung: info@THK-Verlag.de

Stefan Wogawa

Thüringer Miniaturen
Menschen, Orte, Ereignisse

Thüringen hat eine ebenso reichhaltige wie wechselvolle Geschichte. Das Buch „Thüringer Miniaturen" von Stefan Wogawa nähert sich ihr mit 32 abwechslungsreichen Beiträgen. Es geht dabei um Menschen, z.B. Till Eulenspiegel, Friedrich Schiller oder den als Wunderheiler bekannten Schäfer Schlegel, um Orte wie das Schloss Blankenhain, die Klosterruine Paulinzella oder die Wassermühle von Maua, sowie schließlich um Ereignisse, so beispielsweise die Gründung des Deutsche Zollvereins in Erfurt, die Einführung des Zündnadelgewehrs im Fürstentum Schwarzburg-Rudolstadt oder die DDR-Computerproduktion in Sömmerda.

Edition Thüringer Geschichte Band 2
ISBN 978-3-945068-36-6
Preis: 12,90 Euro
Erfurter Straße 29, 99310 Arnstadt
www.THK-Verlag.de

Bestellung: info@THK-Verlag.de